그림책 전문가 4인이 건네는

아이와 함께
행복한
그림책
읽기

그림책 전문가 4인이 건네는

아이와 함께 행복한 그림책 읽기

김서정 · 이상희 · 김상욱 · 최정선 공저

샘앤파커스의힘

차 례

책머리에 • 8

봄 ●●●

찬찬히, 자세히 보아야 예쁜 것 • 14
큰오빠 개구리 힘내요! • 17
매혹, 올리브 나무 • 20
마음속 웅크린 말들이 피어난다 • 24
빙긋이 웃음 자아내는 쌍둥이의 이불 소동 • 28
메추라기 친구와 아이가 함께 자란다 • 32
더 뾰족해질 테다 • 35
회색 골목마다 우산이 춤춘다 • 38
옛날이야기가 이렇게 변했어요 • 42
내 나이 열 살, 돈 쓸 데가 너무 많다 • 46
놀이라는 왕국으로 아이들이 사뿐사뿐 • 49
다윈은 갔지만 우리는 살아남았어 • 53
집이 가출하다니! • 57
한 걸음 더 : 그림책, 글과 그림이 만들어가는 이야기책 • 60

여름 ●●●

결국 보게 될 거야 • 70
정글 속의 천진난만 • 74
어른 개미가 어린 개미를 지키는 법 • 77

옛이야기에 붓질하니 꼬까옷이 따로 없네 • 81
그 남자의 해결책 정말 궁금해지네 • 85
짜릿한 상상력으로 자유롭게 • 89
코끼리 아저씨의 상아가 안쓰러워 • 92
내 발은 왜 이렇게 큰 거야? • 95
누르면 별세상이 열린다 • 98
지도 타고 떠나는 기차 여행 • 101
'경마장 가는 길' 세상이 달리 보이네 • 105
이렇게 아이는 파도와 논다 • 109
낙원섬에서 별일 없이 산다 • 113
가족이란, 휴가란 이런 것이다 • 116
상상 속에선 외롭지 않아 • 120
무서워 말고, 말을 걸어보렴 • 124
한 걸음 더 : 그림책이 우스운가요? • 127

가을 ●●●

들리니? 가을 오는 소리 • 136
개구리가 여왕이 됐다 • 140
정성 담은 그림책이 마음을 흔드네 • 144
너무해! 정말 너무해! • 148
한국 그림책의 희망과 안타까움 • 152
같이 날아볼까? 아주 쉽단다! • 156
마음 다독여준 한없이 투명한 수채화 • 159

섬마을 풍경에 그 멜로디 떠오르네 • 163
고양이와 엉겅퀴가 살러 왔습니다 • 167
뭐가 되고 싶냐고? 그 질문, 지겹지도 않냐? • 170
씩씩해요 • 174
목판화로 그린 책에 대한 순정 • 178
한 걸음 더 : 우리가 사는 세상이 이 속에 다 있네 • 181

겨울 ●●●

크리스마스트리, 우리 마을에 오네 • 192
내 마음에 안긴 북극곰 두 마리 • 196
참 잔잔한 후회 • 200
그것이 돼지들의 마지막 외출이었습니다 • 203
그 나라를 입속으로 거듭 거듭 읽어본다 • 207
아이야, '죽음'에 대해 이야기해 볼까? • 210
이 고통을 직시하라 • 213
나는 전쟁이 너무 피곤하다 • 217
이렇게 된 이상 내가 만들지, 뭐 • 220
둥근 해가 떴습니다 • 223
뭉클하구나 동물들의 뜨개질 • 227
그 나무에 사는 것은 • 230
당산 할매에게 보내는 엘레지 • 233
아이의 시선으로 사회를 꾸짖다 • 237
알고 보니 범인은 • 240
에디의 아빠 • 244

시는 어떻게 그림책이 되는가 • 247
한 걸음 더 : 소장할 수 있는 가장 저렴한 예술품 • 250

다시봄

파랑새가 산다 • 258
상상과 모험의 심부름 길 • 261
이제 남은 단추는 몇 개일까요? • 265
스무 밤이 지나고 아빠가 돌아왔어 • 268
다섯 줄로 설명할게. 너와 나의 연결고리 • 271
"넌 다시 날 수 있어"라는 속삭임 • 274
때때로 나는 하루 종일 거기에서 • 277
'어마어마하게 멋진' 두 사람의 삽질 • 280
나 뱃속에 수박 가졌어 • 283
어른들아 애들 싸움에서 배워라 • 287
소박한 풍경에 마음이 따뜻해지네 • 291
한 걸음 더 : 조금 더 나은 그림책을 꿈꾸며 • 295

인용된 작품 목록 • 302
그밖의 더 읽을 그림책 목록 • 308

· 책머리에 ·

  아이가 성장하는 데 필요한 것은 유기농으로 키운 신선한 채소와 곡식, 육류만은 아니다. 물려받은 유전자와 섭취하는 음식물이 아이의 몸을 키운다면, 아이의 마음과 생각을 키우는 것은 무엇일까? 단연코 그것은 경험이다. 아이들이 겪는 모든 일상의 경험들이 아이의 생각과 느낌을 성장케 한다. 그리고 그러한 경험 가운데 가장 소중한 것을 꼽으라면 단연코 부모 혹은 가까운 친지들에게서 받는 정서적인 교감과 만족감이다. 그러나 일상 속에서 겪는 교감과 만족감은 생각만큼 그리 다채롭지도, 풍부하지도 않다. 그저 고만고만한 경험일 따름이다. 그 일상적 경험의 틀을 넘어서기 위해 우리 아이들에게는 책, 특히 그림책이 필요하다.

  글과 함께 그림이 어우러진 이야기야말로 그림책의 본질이다. 가까운 이가 나지막한 목소리로 들려주는 글과 눈으로 거듭 확인하는 그림, 그리고 언제나 호기심을 붙들어 매는 이야기는 삶이란 비밀의 문을 여는 열쇠로 손색이 없다. 아이들은 가장 만족스러운 분위기 안에서, 가장 사랑하는 이에게서, 가장 듣고 싶은 이야기를, 가장 아

름다운 그림과 함께 경험하는 것이다. 그 경험이 쌓이고 쌓였을 때, 우리 아이들은 한결 지혜롭게 세상의 일들과 맞서고 또 넘어설 수 있을 것이다. 그림책은 좋은 음식물과 다를 바 없는 성장의 필수적인 자양분이다.

더러 강연을 가면 으레 질문을 받곤 한다. 질문들의 공통점은 한결같이 어떤 그림책이 좋은 그림책이며, 우리 아이에게 권하고 싶은 그림책이 무엇인지를 묻는 것이다. 그러나 안타깝게도 이 책의 필자 모두는 어떤 그림책이 좋은 그림책인지 명료하게 말하기가 쉽지 않다. 무엇보다 누구에게나 좋은 그림책이란 있을 수 없기 때문이다. 어쩌면 누구나 좋아하는 그림책은 깊이를 지우고, 무게를 덜어낸 고만고만한 예쁜 그림책이기 십상이다. 누구에게나 좋은 인상을 주는 사람은 그저 무던한 사람이듯. 결국 아이에게 꼭 맞는 그림책은 발품을 팔아 스스로 찾아 나설 수밖에 없다.

가장 좋은 방법은 서점이나 도서관의 그림책 코너에 가서 죽치고 앉아 한 권, 한 권의 그림책을 펼쳐보고 마음에 드는 그림책을 고르는 것이다. 그러나 이 일은 가장 확실한 방법이나 널려 있는 책들이 많아도 너무 많아 불가능하다. 그렇다면 당장 떠오르는 것은 이름난 작가들, 예컨대 권윤덕, 백희나, 존 버닝햄이나 에즈라 잭 키츠, 모리스 센닥, 크리스 반 알스버그 등의 그림책을 고르는 것이다. 그러나 이조차 약간의 지식이 필요하다. 누가 이름난 작가인지를 아는 것조차 처음 그림책을 접하는 이들에게는 그저 쉽지만은 않은 일이다. 결국 전문가의 손을 빌 수밖에 없다.

그러나 전문가라고 해서 이 책, 이 책이 좋은 그림책이라고 말하는 것은 짐짓 외람된 일이다. 그저 나의 척도와 취향으로 보아 이 책이 내게는 좋은 그림책이었다고 말할 수 있을 따름이다. 여기 이 책 또한 그저 그런 네 사람 필자의 고백을 한데 모은 것일 따름이다. 다만 그림책의 주제에 따라 가만히 눈뜨는 봄, 거칠고 힘찬 여름, 쓸쓸하나 되돌아보게 만드는 가을, 시련이나 고통의 겨울, 새로운 길을 여는 다시 봄 등의 소주제 아래 묶어두었다. 익숙하게 늘 보던 책들도 있지만 미묘하고 독창적인 그림책들 또한 적지 않다. 모쪼록 이

들 그림책들을 아이와 함께 읽는 가운데 그림책을 읽는 즐거움이 한 층 더 배가되기를, 한층 더 풍부한 경험들이 아이와 함께 공유되기를 바랄 뿐이다.

2016년 가을
필자들이

봄

찬찬히, 자세히 보아야 예쁜 것

『숲 속 그늘 자리』 | 이태수 글·그림 | 고인돌

봄이라 그런지 살아 있는 것들에 저절로 눈이 간다. 석 달 열흘 안 빗은 머리채 같던 버드나무 가지가 연둣빛 여린 잎을 조랑조랑 달고 낭창거린다. 가지마다 쪼글쪼글 올라오는 어린잎 덕에 은행나무는 초록빛 레이스를 두른 것 같다. 풀기 없던 앞산 뒷산도 어느새 생기가 돈다.

고개를 돌리면 참새가 포르르 날아오르고, 바람이 불면 라일락 짙은 향기가 코끝을 간질인다. 사람 손길 잦은 화단에는 온갖 꽃이 흐드러지고, 배기가스 풀풀 날리는 찻길 귀퉁이에도, 쓰레기더미 쌓인 공터에도 노란 민들레가, 해끗한 꽃마리가, 보랏빛 제비꽃이 배죽 고개를 내민다. 이렇게 색채로 향기로 소리로 끊임없이 꾀어 대니 제아무리 자연보다는 사람이 만든 것에 더 관심 많은 '아스팔트 킨

트'라도 한눈팔지 않을 재간이 없다.

　봄에는 자연이 참 착해 보인다. 장마철 짙푸른 초록은 색깔도 향기도 너무 강렬해 압도당하는 기분인데, 봄의 신록은 색도 향기도 순하다. 꽃도 그렇고 벌레도 그렇고 땅도 그렇다. 그리고 이태수의 그림도 그렇다. 같은 세밀화라도 이태수의 그림은 어딘지 모르게 순하고 애틋하다.

　'생태 세밀화가 이태수의 사계절 자연 앨범'이라는 부제가 붙은 『숲 속 그늘 자리』는 '자연을 그림에 담는 일'을 하는 사람이 5년 동안 이곳저곳을 다니며 그린 그림에 짧은 글을 덧붙인 것이다. 집 가까이 경기도 일대로부터 설악산이며 경남 창녕 우포늪까지 도시·농촌·늪·산·바닷가·무덤가를 아우르며 꽃·새·곤충·버섯·애벌레, 심지어 지렁이 똥까지 다양하게 그렸다. 글은 일기 같기도 하고 편지 같기도 하다. 생태 세밀화 옆에 붙는 글이 으레 그렇듯 생태나 특징, 쓸모를 밝히기보다는 소박하고 진솔하게 자신의 느낌과 생각을 담았다.

커다란 잎사귀 밑에 숨어 핀 손톱만 한 족두리, 아기 손처럼 작고 여린 고사리순, 연잎 위에서 젖은 날개를 말리는 잠자리, 모래밭에 구불구불 아름다운 곡선을 남기며 가는 서해비단고둥, 긴 목을 잔뜩 움츠리고 우두커니 서 있는 왜가리, 오래된 기와지붕 위에서 꽃을 피운 바위솔……. 저마다 표정이 있고 몸짓이 있고 사연이 있고 제 몫의 삶이 있다. 이 책에 그려진 돌맹이는 "부딪혀 깨지고 모난 곳 닳고 닳아 상처투성이 작은 돌"이고, 호반새는 "시름에 찬 눈빛으로 울타리 쇠기둥에 한참 앉아 있다가" 그 맑고 깊은 목소리를 내지 않고 그냥 가버린 새다.

놀이도 '체험 학습'이 된 세상이다. 그러나 자연은 이렇게 만나야 한다. 걸음을 멈추고, 허리를 숙이고, 눈을 낮추고, 찬찬히. 자세히 보아야 예쁘고, 오래 보아야 애틋하고, 들여다보아야 보인다.【최정선】

큰오빠 개구리 힘내요!

『꿈에서 맛본 똥파리』 | 백희나 글·그림 | 책읽는곰

　백희나의 그림책에는 어떤 일관된 태도가 있다. 이야기의 기반은 굳건한 삶이되, 거기에 거침없는 상상력과 무람없는 유희 정신이 보태진다. 만원 버스로 출근하다가 구름빵을 먹고 날아오르는 아버지(『구름빵』), 무더운 여름밤에 녹아내린 달로 만든 셔벗(『달 샤베트』), 허술한 변두리 목욕탕에서 만난 선녀 할머니의 냉탕에서 놀기 신공(『장수탕 선녀님』). 이 이야기들은 모두 현실에 눌려 감상적이 되지 않고 환상에 부풀어 허망해지지 않는 균형감을 보여준다.

　그리고 그의 그림책에는 언제나 참신한 변화가 있다. 그림뿐만 아니라 종이, 봉제, 유토 인형 등 이야기를 맞춤하게 펼쳐내는 재료가 책마다 다양하게 구사된다. 그래서 백희나의 새 책을 집어들 때는 일관성과 새로움이라는 두 국면에 대한 기대로 설렌다.

『꿈에서 맛본 똥파리』도 그 기대를 저버리지 않는다. 일단 백희나 그림책의 주요 모티프인 '음식'이 등장한다. 제목부터 노골적이며 강력하다. '구름빵'과 '달 샤베트'도 제목이기는 했으나 '맛본다'는 동사에 붙들린 적은 없지 않은가. 게다가 환상이 섞인 다른 음식과 달리 이건 극사실적 요리(!)다. 포크와 나이프를 옆에 거느린 접시 위에 얌전히 발 모으고 엎드려 있는 똥파리라니. 똥, 코딱지 등등에 자지러지는 항문기 유아성이 내면에서 건드려진다. 짐짓 으윽, 미간을 찌푸리면서 마음속으로는 '꺄아' 탄성을 지르게 된다. 유아적이고 유희적인 환상을 통해 내 안의 아이를 튀어나오게 만드는 이런 해방적 기능은 백희나 그림책의 강점 중 하나다.

 이야기는 아주 간단하다. 큰오빠 개구리가 먹을 것을 달라고 조르는 동생 올챙이들을 위해 정신없이 파리를 잡는다. 엄청나게 긴 혀를 휘릭휘릭 휘두르며 척척 파리를 잡지만 정작 자기 입으로 들어가는 건 하나도 없다. 녹초가 된 개구리는 잠이 들고, 꿈에서 커다란

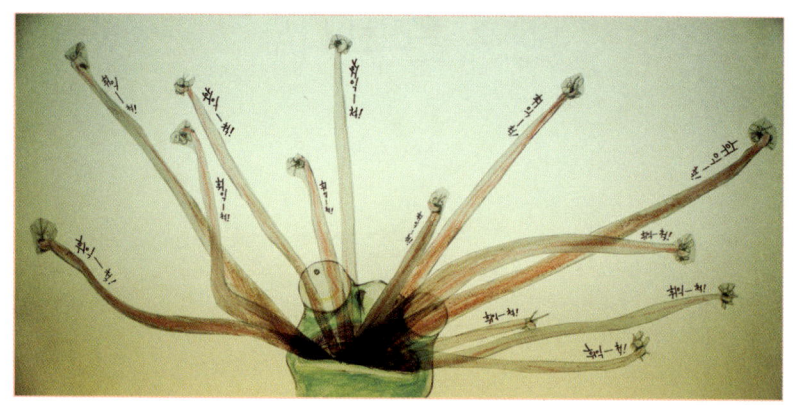

똥파리를 통째로 삼킨다. '오색찬란한 똥파리는 치킨 맛, 군만두 맛, 떡볶이 맛, 순대 맛, 소시지 맛, 도넛 맛, 요구르트 맛, 꿀떡 맛이 한꺼번에 느껴지는 신기한 맛'이었다나. 그 힘으로 다음 날 큰오빠 개구리는 다시 힘차게 동생들을 위한 먹이사냥에 나선다.

이 책에서 새롭게 쓴 재료는 트레이싱 페이퍼다. 그 위에 색연필로 그림을 그리고 일일이 오려낸 뒤 라이트박스 위에 배치해서 사진을 찍었다. 덕분에 환하고 따듯한 연못 풍경과 개구리, 올챙이들의 모습을 섬세하게 잡아낼 수 있었다.

전체적으로 어떤 투명한 분위기를 주는 이 기법 덕분인지, 큰오빠 개구리가 '기운이 펄펄' 했다는 텍스트에도 불구하고 그 고단한 속이 들여다보이는 것만 같아 애잔해진다. 부모도 아니고, 단지 '조금 일찍' 개구리가 됐다는 이유로 수많은 동생의 배를 채우는 책임을 떠맡다니. 그림은 가장 유아적이고 역동적이지만 삶의 무게는 가장 무거운 이 책에서, 큰오빠 개구리의 사냥길을 응원해주고 싶다.【김서정】

매혹, 올리브 나무

『아름다운 나무』 | 박레지나 글·그림 | 초방책방

봄은 나무의 계절이지만, 이 봄에 나무를 바라보는 마음이 각별하다. 나무에 대한 책을 준비하고 있어서일까. 주말마다 오르는 뒷산에서 고요히 자랄 뿐인 나무를 볼 때면 한 그루 한 그루가 그 자체로 영원무궁한 고전(古典)이라는 생각이 든다. 그리고 집에 돌아오면 나무를 베어 책 따위 만들 필요가 있나 싶어 일손을 놓고는, 변명하듯이 뒤적뒤적 슬며시 펴드는 것이 아름다운 나무 책, 나무 그림책이다.

한 장면에 딱 한 어절로, 고요히 말을 아끼는 시 그림책 『아름다운 나무』는 독특한 나무 그림책이다. 오직 나무에 대한 노래와 오직 '아름다운 나무' 그림만이 담겨 있다. 내용도 형식도 오직 자라고 자랄 뿐인 나무에 대한 책답다. 나무막대에 색색의 심을 넣은 색연필을 쥐고서 씨앗이 떡잎이 되고, 떡잎에서 줄기가 나오고, 점점 굵어지는 나무줄기에서 점점 뻗어나가는 가지와 점점 늘어나는 한 잎 한 잎 나뭇잎을 그리느라 작가의 손에도 나무 냄새가 진하게 배었을 것이다.

이탈리아 여행을 하다가 작가는 올리브 나무에 매혹되었다. 귀국한 뒤로도 내내 올리브 나무 생각만 하다가 온갖 구실을 찾고 핑계를 대어 다시 짐을 싸들었다. 기어이 올리브 나무 숲 근처에 거처를 얻고 올리브 나무처럼 살기로 한다. 그렇게 오랜 시간 올리브 나무(로 대표되는 세상의 모든 나무)를 공들여 사랑하고 말 붙이며 그린 것이 이 그림책이다. 나는 특히 다섯 번째 장면을 좋아한다.

"씨앗 하나가 / 햇볕과 / 바람과 / 빗속에서" 자라 "나무가 되었습니다"에 이른 그 나무는 지금 막 눈앞에서 쿨렁쿨렁 뿌리가 왕성히

마신 물을 길어 올린 가지들이 여릿여릿 갸름한 새잎을 돋우고 있다. 그 뒤 장면들이 보여주는, 풍성한 나무 열매가 맺히고 알알이 여물고 그 열매가 떨어져 다시 싹을 틔워 나무가 되고 그 나무들이 숲을 이루는 광경 하나하나도 다 아름답지만, 나는 늘 이 다섯 번째 장면에서 세상의 첫 나무를 만나는 듯한 순정한 기쁨에 설레곤 하는 것이다.

얼마 전 산돌자연학교 입학식에 갔다. 샬럿 메이슨의 교육 이념에 따라 설립된 이 대안학교에서 나는 한 달에 한 번 그림책 특강을 하는데, 방학 동안 못 본 초등부 아이들 해우, 채린이, 영휘가 머리 하나만큼씩 쑥 자라서 의젓하게 후배를 맞는 모습이 꼭 『아름다운 나무』의 이 첫 나무들 같았다. 더욱 마음 뭉클하던 때는 새로운 첫 나무인 단 한 명의 입학생 하연이를 향해 선생님들과 학부모들이 마주

절하던 순간이었다. 그 자리에 모인 아이 어른이 한마음으로 교장 선생님의 기타 반주에 맞춰 합창하던 입학식 마지막 순서도 오래오래 잊히지 않을 듯하다.

　다시 그림책을 펼쳐보니, 팔 벌린 나무가 곧 학교라는 생각이 든다. 나뭇잎 학생들이 한목소리로 외치고 있는 소리를 바람 선생님이며 햇볕 선생님이 듣고 있겠지.【이상희】

마음속 웅크린 말들이 피어난다

『꽃이 핀다』 | 백지혜 글·그림 | 보림

아침저녁으로 선선한 바람이 분다. 처서가 지난 다음부터 이미 바람의 결이 다르다. 제아무리 억센 더위도 시간 앞에서는 속절없이 자리를 내어줄 수밖에 없나 보다. 이러니 어찌 겸허를 배우지 않을 수 있으랴. 세월은 모든 것을 키우고 또 때가 되면 내치는 법이다. 그런데 유독 예술만은 오래 남아, 그래도 영원한 것이 있다고 고개를 바짝 치켜든다. 예술이 세상을 구원하리라는 자부심도 그 오래 이어지는 시간을 이겨내는 힘에 기인한다. 백지혜의 그림책 『꽃이 핀다』는 그림책이 예술의 반열에서 결코 뒤처지지 않음을 열정적으로 보여준다.

책의 판형은 손에 꼭 잡힐 듯 자그마하다. 가로가 조금 긴 판형으로 왼쪽 면에는 글을, 오른쪽 면에는 그림을 담고 있다. 글과 그림이 서로 이어져 있으나 그림은 자체만으로 충분히 아름답기에 독립된 화폭으로 보아도 좋다. 표지에는 붉은 바탕에 흰 찔레꽃이 한 송이, 고스란히 압화를 옮겨둔 듯 생동감 속에 얼굴을 내밀고 있다. 귀퉁이의 색동 댕기를 잘라둔 듯한 색의 배열도 어여쁘다. 표지의 예스러운 목각본 글자체도 우리 꽃, 우리 색으로 가득 찬 이 그림책의 세계와 어긋나지 않는다.

면지는 연꽃 문양을 회색의 바탕 위에 흰 소묘로 표현해두고 있다. 꽃의 세계들이 서로 대칭을 이루며, 각각의 원환 속에서 웅크리고 있다. 독립적이면서 서로 연결된 셈이다. 이 책 속 모든 꽃이 그러하듯. 속표지에는 작고 어여쁜 꽃마리가 조르륵 매달려 있다. 초록의 줄기와 잎 속에 연파랑 꽃잎이 으쓱으쓱 피어 있다. 흰 여백의 효과를 충분히 살리며 작고 조밀한 것의 정갈함을 느끼게 한다. 뒤표지는 다시 잇댄 조각보를 보여줌으로써 꽃을 넘어 색에 집중하도록 만든다. 처음 표지에 나타나는 색동 깃과 조응한다. 자연에 깃든 색 또한 이 작품의 중심축이며, 이제 형체를 넘어 더 넓은 지평으로

옮겨가야 함을 보여주는 셈이다.

판형에서 속표지에 이르는 이들 그림책의 주변 텍스트들은 그림책의 본문만큼이나 하고 있는 말이 많다. 그림책이 체구가 아주 작은 예술 형식이며, 그러기에 어느 하나 허투루 하기에는 지면 하나하나가 너무도 소중하기 때문이다. 주변 텍스트의 아기자기한 공간들에 부려놓은 색과 형태, 글자체와 디자인 등에 기대어 작가는 마음속 웅크린 말들을 효과적으로 쉼 없이 건네고 있는 것이다.

처음 본문을 펼치면 '빨강, 동백꽃 핀다'라는 글과 함께 그림이 확 안겨온다. 작고 섬세한 붓끝으로 정밀하게 그려낸 노란 암술과 수술, 붉은 꽃잎과 초록의 잎들이 함께 피어나고 있다. 비단이라는 재료의 저항을 손쉽게 누그러뜨리며, 수묵담채와는 완연히 다른 색감의 세계, 우리 옛 그림의 또 다른 세계인 진채의 세계를 이 책의 그림들은 양껏 펼쳐 보여준다. 분홍 진달래와 자주 모란은 물론이거니와 이 그림책에 표현된 그 어떤 꽃들도, 열매도 자연 그대로의 모습이 어찌나 아름다운지를 새록새록 보여준다. 그저 단순한 재현이 아닌 대상의 특성을 한층 더 또렷하게 돋을새김하고 있으며, 배경색의 조율이나 색의 농담을 통한 입체감을 확보하고 있다. 더욱이 이들 색감들이 모두 안료를 섞어 얻어낸 것이 아니라 쪽, 꼭두서니, 돌멩이, 흙에서 길어낸 색이라니.

물론 이 작고 조밀하게 펼쳐진 아름다움들에도 아쉬움은 없지 않다. 계절의 변화나 색감의 배열 혹은 문화적 상징을 통한 관계의 배치 등을 통해 이야기를 함께 담아낼 수 있었으면 어땠을까 싶다. 그러나 자칫 이야기가 아름다움을 해칠지도 몰라 그 자체가 과욕일 수도 있으리라. 그저 이 그림책은 이야기를 넘어 화면 하나하나, 선으로 형태를 잡고, 형태에 색감을 부여하고, 색감의 농담과 변형들, 반사와 투영을 음미하는 가운데 작가가 화폭을 채워가는 과정 자체를 가만가만 재구성해보는 것으로도 충분히 내 속의 이야기는 만들어진 셈이 아닐까. 【김상욱】

빙긋이 웃음 자아내는 쌍둥이의 이불 소동

『쌍둥이는 너무 좋아』 | 염혜원 글·그림 | 비룡소

어린 시절 '대척점'이란 말을 처음 배웠을 때다. 내가 서 있는 지구 정반대 편의 한 지점을 가리키는 말이라고 했다. 아르헨티나였던가 우루과이였던가? 나는 이름도 생소한 그곳 어디쯤에는 분명 나와 다를 바 없는 누군가가 살고 있으리라 생각했다. 이렇게 큰 지구에 사는, 몇십억이나 되는 사람들 가운데 어찌 나와 똑같은 이가 없을 수 있으랴. 그런 아이가 있다면 분명 대척점쯤에 살고 있으리라 생각했다. 그때의 나처럼 땟국물로 얼룩진 얼굴을 하고, 똑같이 엄마에게 때때로 꾸지람을 듣고, 똑같이 쓸모없는 공상으로 나날을 보내는 아이가 분명 있으리라 생각했다. 언젠가는 만나서, 한눈에 서로를 알아보고 지나온 일들을 얘기하고 싶었다.

그런데 이 공상을 현실 속에서 경험하는 이들이 있음을 알게 되었다. 바로 쌍둥이들이다. 함께 엄마 뱃속에서 자라고, 비슷한 외모와 성격으로, 오래 가까이 지켜본 이들만 그 차이를 구별할 수 있는 쌍둥이 말이다. 지구 대척점이 아닌, 지금도 바로 내 곁에서 아옹거리고 헤헤거리는 쌍둥이야말로 정말 나와 똑같은 이가 아닌가. 나는 쌍둥이가 아님을 오래도록 아쉬워했다.

　염혜원이 쓰고 그린 『쌍둥이는 너무 좋아』는 이런 이야기를 담고 있다. 작가 자신이 실제 쌍둥이였다니 어린 시절에 얼마나 아기자기하고 알콩달콩한 일들이 많았을까. 책 속에 담겨 있는 이야기들은 얼마나 생생할까. 그런데 같은 방, 같은 장난감, 같은 이불 등 모든 것을 똑같이 나누는 이 쌍둥이에게도 갈등은 생겨난다. 성큼 자라 같은 이불을 더 이상 덮을 수 없게 되는 것이다. 서로 양보할 수 없어 아옹다옹 다투기에 이르는 이 쌍둥이들은 작아진 이불을 어떻게 나눠야 할까? 결국 새 이불을 따로 만드는 수밖에. 이제 쌍둥이들은 노란색, 분홍색의 다른 이불을 갖게 된다. 물론 원래 덮었던 색동이불도 서로의 새로운 이불 한 귀퉁이를 저마다 차지하며.

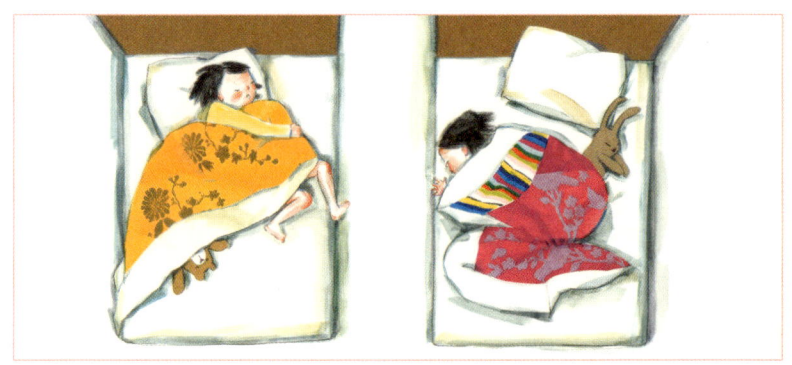

그림은 배경을 전적으로 배제하고, 인물과 인물에 직결된 대상들만을 화폭에 담아냄으로써 인물의 표정과 동작에 집중하도록 만든다. 인물의 차이는 서로 다른 색감과 서로 다른 헝겊 인형으로 구분지었다. 섬세한 외곽선으로 인물을 표현하며, 붓질이 남아 있는 색조가 부드러운 채색을 통해 반복과 변주를 거듭 짝을 이뤄 제시하고 있다. 더욱이 이 그림책의 이야기꾼, 곧 서술자는 아주 예외적으로 둘이다. 그리고 둘 다 스스로를 '나'라고 지칭한다. "난 팔을 뻗어 동생 손을 잡았어"와 "나도 언니 손을 꼭 잡았어"처럼 두 화자가 펼침면을 두고 각자 '나'로 스스로를 지칭하며 생각과 느낌을 이야기한다. 그럼에도 전혀 모순되지 않고 주고받는 화음처럼 어울려 긴 펼침면 전체를 중층적으로 연결하고 있다. 시간을 공간적으로, 공간을 시간적으로 변주해 보임으로써 글과 글, 그림과 그림의 대위법이 정교하게 제시되어 있는 것이다.

내가 여자가 아니고 내가 쌍둥이가 아님은 자명하다. 그러니 나는 여자를 알 수 없고, 쌍둥이도 알 수 없다. 그러나 같고 다름은 어찌

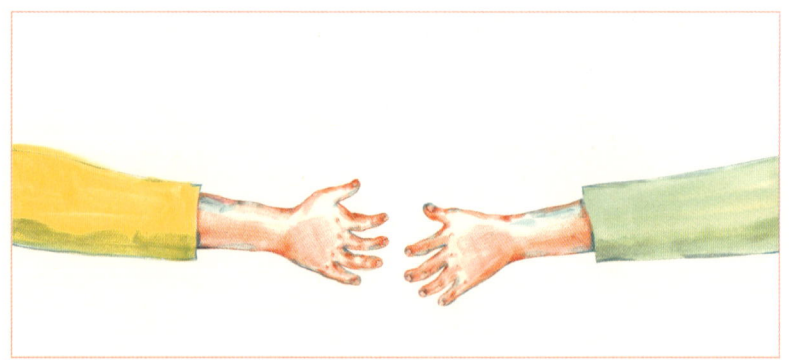

면 결국에는 상대적인 것이 아닐까. 더 큰 시야로 보면 우리 모두가 다 쌍둥이이며, 더 정밀한 눈으로 보면 우리 모두가 서로 다른 존재가 아닐까. 같은 듯 다르고 다른 듯 같은. 이 차이 속의 동질성을, 동질성 속의 차이를 보여주고, 볼 수 있게 만드는 그림책들은 일단 좋은 작품이 되기 위한 필요조건을 갖춘 것은 아닐까. 【김상욱】

메추라기 친구와 아이가 함께 자란다

『메추라기 산이』 카츠야 카오리 글·그림 | 길지연 옮김 | 봄봄

어려서 학교 앞에서 파는 병아리 한 마리 사서 집으로 데려와 본 경험이 없는 사람은 거의 없을 것이다. 그러나 그 병아리를 의젓한 어른 닭으로 키워본 사람도 아마 거의 없을 것이다. 병아리들은 얼마 버티지 못하고 죽었다. 먹지도 마시지도 않은 채 비실비실 설사만 하다 죽고, 쉴 새 없이 주물러대는 아이들 손독에 죽고, 눈 깜짝하는 사이에 집에서 키우던 고양이에 물려 죽고, 심지어는 봉지에 넣어진 채 휘휘 돌려진 다음 땅바닥에 패대기쳐져 죽고, 옥상에서 떨어뜨려져 죽는다.

시골 아이들에게 살아 있는 풍뎅이 날개를 떼거나 지렁이에게 소금을 뿌리거나 잠자리 꽁지에 성냥개비를 쑤셔 넣는 게 놀이였다면, 도시 아이들에게는 그렇게 병아리를 죽이는 게 놀이였다. 그렇다고 그 아이들이 모두 잔인해서 그런 건 아니었을 것이다. 그런 식의 생명체에 대한 탐구와 죽음의 경험을 통해 얻는 바가 있었을 것이다.

그래도 바람직하기로는, 아이들이 저보다 작은 생물과의 접촉을 통해 생명의 소중함과 삶의 경이로움을 느끼는 일이 아닐까. 풍뎅이와 지렁이와 병아리를 죽게 해본 어린 시절의 경험을 되돌아보면 그 바람이 더 간절해진다. 죽게 하는 놀이보다 살게 하는 놀이를 더 풍성하게 했어야 하는 건데. 그래서 『메추라기 산이』같은 책을 만나면 대책 없이 뭉클하고 고마워진다.

이 책은 유치원생 아이가 메추라기 한 마리를 얻어서 키우는 과정을 그린다. 그다지 특별할 것 없는 생태동화일 것 같지만, 웬걸? 제법 굴곡 있는 서사가 펼쳐진다. 새장에 갇히면 짜증내는 산이, 밖으로 내보내면 신이 나는 산이, 부화되지 못할 알을 꼬박꼬박 낳는가 하면 파닥파닥 한참을 날기도 하는 산이. 그 모든 것을 함께 겪는 아

이의 시점에서 전개되는 이야기에는 아이다운 수준의 놀라움과 애처로움, 뿌듯함, 안타까움, 자랑스러움이 오롯이 담겨 있다.

이야기의 클라이맥스는 산이가 고양이의 공격을 받아 죽을 뻔한 고비를 넘기는 장면이다. 간신히 살아나기는 했지만 다리 하나를 잃은 산이. 아이의 정성스러운 재활 치료로 "한쪽 다리로 콩콩 잘도" 걷게 된다. 그리고 2년 뒤. "우리 집에 놀러 오시면 이제는 할머니가 된 산이를 만날 수 있을" 거라는 아이의 자랑스러운 전언이, 훌쩍 커버린 아이의 모습과 함께 우뚝하다. 뭔가를 키우는 일의 가장 이상적인 표본이 바로 이런 게 아닐까.

사소한 표정이나 동작들을 무심한 듯 간단하게, 그러나 생기와 정감을 담아 전하는 글과 그림의 조화가 이 표본을 이상적으로 만드는 데 그야말로 이상적으로 기여한다. 【김서정】

더 뾰족해질 테다

『고슴도치 엑스』 | 노인경 글·그림 | 문학동네

고슴도치도 제 새끼는 함함하다고 한다. '함함하다'는 털이 보드랍고 반지르르하다는 뜻이니 부모 눈에 덮인 콩깍지를 일컫는 말이다. 그런데 그림책 『고슴도치 엑스』 속 고슴도치들의 도시 '올'에서는 이 말이 액면 그대로 사실이다.

"새털 같은 세월 올올이 쌓여 마침내 이루었네, 완벽한 도시. 오 안전한 도시 올, 오 세련된 도시 올. 폭풍우도 사자도 두렵지 않아. 누구도 가시를 세우지 않아."

스피커에서 울리는 도시 찬가와 '가시부드럽게비누'를 배달하는 트럭 소리로 아침을 시작하는 곳. 이곳에서 가시는 야만의 징표다. 무릇 교양 있는 고슴도치라면 뻣뻣한 가시를 부지런히 다듬어 바람에 흩날리는 머리카락쯤으로 바꿔놓아야 한다.

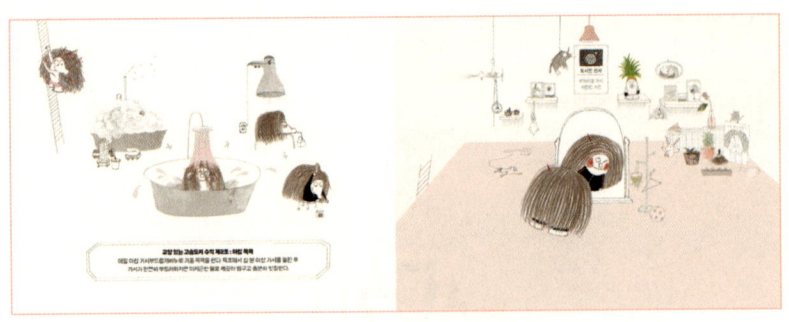

그러나 동네마다 튀는 놈은 하나씩 있기 마련. 비죽비죽 솟구치는 가시 때문에 주눅 든 열등생들 틈에 야단을 맞아도 천하태평, 벌 청소를 해도 룰루랄라, "난 멋있어"를 입에 달고 다니는 고슴도치 엑스가 있다. 어느 날, 이 녀석이 도서관에서 숨겨진 책을 발견한다. 책 속에는 아득한 옛날, 뾰족한 가시로 바위를 뚫어 수많은 동물을 구한 고슴도치 영웅 이야기가 실려 있다. 고슴도치 엑스는 가시의 힘에 매료되어 즉각 뾰족 가시 만들기 훈련에 돌입한다.

발랄한 상상력과 세련된 조형 감각이 돋보이는 그림책이다. 기발한 착상에 생동감 넘치는 캐릭터, 곳곳에 숨은 익살맞은 장치와 짜임새 있는 화면이 오밀조밀 어울려 흥미롭다. 주인공은 뾰족 가시를 되살리는 데 성공하고 놀라운 수완을 발휘해 도시를 탈출한다. 신선한 공기와 부드러운 흙과 반짝이는 햇살을 즐기며, 초록빛 숲을 활보하며, "요호! 나는 고슴도치야"라고 외치는 완벽한 엔딩까지 갖췄다.

작가는 이 책 후반부에서 개인의 자기 결정권을 인정하지 않는 폭압적인 체제의 맨얼굴을 보여준다. 예쁘장한 그림, 장난기 넘치는 감탄사로 포장했다 해도 안전요원들의 출동에 압수 수색과 체포, 심

지어 전기 고문을 연상시키는 강제 파마 시술이 등장한다. 그러나 주인공은 아무에게도 손을 내밀지 않는다. 야단맞을 때 불평하지도, 반항하지도 않았듯 책을 읽은 뒤에는 이야기를 흘리지도, 질문하지도, 도움을 요청하지도 않는다. 그저 문을 꽁꽁 걸어 닫고 혼자 무공(?)을 닦는다. 가시로 나무와 바위를 뚫기에 이를 정도로 집요하고, 안전요원들을 속일 인형을 미리 준비하고 탈출로까지 알아둘 정도로 주도면밀할 뿐이다.

고슴도치 엑스는 자기가 나고 자란 도시와 친구들을 아무런 갈등 없이 허물을 벗어내듯 훌훌 털어버린다. 떠나는 이의 경쾌한 발걸음보다는 남은 이들의 주눅 든 표정이 마음에 남기에, 아침마다 고막을 두들기던 "새벽종이 울렸네, 새 아침이 밝았네"를 기억하기에, '고슴도치 엑스'에서 '말콤 엑스'를 떠올릴 수밖에 없기에, 시종일관 유쾌하고 거침없는 이 책이 나는 쓸쓸하다. 【최정선】

회색 골목마다 우산이 춤춘다

『노란 우산』 | 류재수 글·그림 | 보림

엊그제 아침, 세면대 거울에 붙어 있는 노란 리본을 발견하고 가슴이 철렁했다. 잊지 말자고 표 나게 붙여둔 것을 보고 놀랐으니, 잊었던 것이 틀림없는 것이다. 보고도 못 보고, 잊지 않으리라면서 잊었다. 누구더러 무정하다느니 뻔뻔스럽다느니 할 일이 아니다. 꼬리를 무는 자책 속에서도 일을 해보자고 책상 앞에 앉았다 눈에 띈 것이 『노란 우산』이다.

표지를 열면 하얀 면지가 나오고, '노란 우산' 딱 네 글자의 속표지가 한 번, 노란 우산 쓴 아이의 짧은 치마 아래 장화 신은 종아리 뒷모습과 물그림자 얼룩 컷 그림 속표지가 다시 한 번 펼쳐진다. 그리고 본문 첫 장면은 표지 장면처럼 위에서 내려다보는 그림, 부감이다. 지금의 눈에는 꼭 노란 리본으로만 보이는, 노란 우산이 주택 단지의 끝집 대문을 나와 골목으로 막 나서는 참이다. '글 없는 그림책' 『노란 우산』의 이야기가 시작되는 참이다.

그림책 한 권을 소개하면서 대표 그림 '한 컷'을 보여줄 때, 첫 장면을 고르는 일은 드물다. 이야기가 시작되는 무대와 주인공을 보여주는 데 집중하는 첫 장면답게, 모든 것을 완벽하게 보여주기보다는 흥미를 불러일으키는 일부를 제시하기 때문이다. 그림책 『노란 우산』의 첫 장면은 정확히 그 목표에 부응하면서도 완벽히 아름다운 이미지를 구현한다. 아니, 사실은 훌륭한 그림책이 그렇듯 모든 장면 하나하나가 다 아름답다.

글 없는 그림책이 그림만으로 하는 이야기를 들어보자. 집을 나온 '노란 우산'은 다음 블록의 첫 집 파란 대문에서 나온 '파란 우산'을 만난다. 그러고는 살짝 앞서거니 뒤서거니 이런저런 얘기를 주고받으며 걷는데, 오른쪽에서 '빨간 우산'이 나온다. 회색 일색이던 골목

길 양쪽 집들이 문득 환해진다. 이제 우산들은 다리를 건넌다. 걸음 빠른 '파란 우산'이 앞장서고, 도중에 등장했을 '초록 우산'이 뒤따르는데, '빨간 우산'과 '노란 우산'은 난간에 바짝 붙어 다리 아래 개울물에 자꾸 생겨나는 빗방울 동그라미를 내려다본다. 이 해찰꾼들은 놀이터 앞에서도 걸음을 멈춘다. 분수대 광장을 지나가는 여섯 우산, 계단을 내려가는 일곱 우산……, 열차가 지나가는 철길 건널목 가로대 앞에 여덟 우산이 오르르 멈춰 있는 뒤로 '주황 우산' 하나가 다가온다.

점점 늘어나는 알록달록 우산들은 고층 건물 사잇길을 지나고, 왕복 4차선 도로의 건널목을 지나고, 공원길 작은 숲을 가로지른다. 오르르 모여 교문 앞을 통과해 나무와 모래밭 운동장 가운데로 나아간다. 창문이 많고 커다란 건물로 향하는 이 장면에서야 시점은 땅으로 내려와 우산 아래 장화 신은 종아리들을 보여준다. 학교 가는 길,

아이들이 펼친 우산 행렬의 마지막 컷 그림은 우산꽃이, 모범생 '파란 우산'과 해찰꾼 '노란 우산'이 나란히 꽂혀 있다.

이 그림책은 '2002 〈뉴욕 타임스〉 선정 최우수 그림책', '국제어린이도서협의회(IBBY) 선정 세계의 우수 그림책'으로 꼽히며 우리 그림책을 대표한다. 작곡가 신동일의 음악과 함께 이 그림책을 감상한 작가 제인 앨런이 "한 편의 아름다운 발레 공연을 본 듯하다"라고 했다니, 첨부된 CD를 들으면서 『노란 우산』을 다시 한 번 펼쳐봐야겠다. 그래도 노란 리본이 겹쳐 보일지 모르겠지만. 【이상희】

옛날이야기가 이렇게 변했어요

『얼굴나라』 | 이민희 글 | 박미정 그림 | 계수나무

좋은 그림책을 만나는 일은 쉽지 않다. 그림이 좋으면 글이 부실하고, 글이 좋으면 그림이 위축된다. 서로 다른 두 매체가 만나 견고하게 결합하여 마침내 또 다른 이야기의 세계를 펼쳐내는 일이 어찌 쉬울 수 있으랴. 더욱이 그림책에는 두 매체의 결합을 중재하는 편집자의 구실 또한 만만치 않다. 충돌하고 튕겨 나가는 두 매체를 잇대는 작업은 편집자의 몫이다. 그러니 정작은 둘이 아니라 셋이 함께 만나 이루어내는 속 깊은 화음의 세계가 완성된 그림책의 세계다.

최근 이 완성태로서의 그림책을 마주한 적이 있다. 이민희가 글을 쓰고 박미정이 그림을 그린, 덧붙여 편집자가 공들여 함께 작업한 『얼굴나라』라는 작품이다. 글은 '여용국평란기(女容國平亂記)'라는 조선 후기의 수필을 바탕으로 이민희가 다시 쉬운 말법으로 고쳐 썼으며, 그림은 현대적인 미감을 충분히 살려 글 속에서 미처 담아내지 못한 독창적인 인물 형상과 정교한 묘사를 유감없이 발휘하고 있다. 부드러운 갈색과 청색, 분홍색을 넓게 펼쳐내고 검은색 혹은 붉은색 악센트를 가미한 색상의 아름다움, 정교한 붓끝에서 살아나는 디테일의 섬세함, 숱하게 등장하는 다양한 화장 도구들의 생동하는 의인화 등 공들인 그림이 선사하는 아름다움이 더할 나위 없는 즐거움을 안겨준다.

더욱이 작품이 담고 있는, 나라를 다스리거나 스스로의 얼굴을 간수하는 일의 위중함이라는 주제에도 불구하고 주제에 압도되지 않는 이야기의 힘 또한 인상적이다. 얼굴나라에는 여왕과 함께 가장 충직한 신하인 거울, 그리고 아홉 문신과 아홉 무신이 있으며, 이들 가운데 얼굴(머리)을 치장하는 데 쓰이는 머릿기름·참기름·수분·면분·연지·곤지·기름종이·비녀·향수가 문신이며, 얼굴(머리)을 다듬는 데 쓰이는 얼레빗·참빗·칫솔·세숫물·수건·휘건·비누·족집게·모시실이 무신이라는 것이다. 이들 각각은 여왕

이 게을리 방치한 탓에 쳐들어온 땟국과 머릿니와 잔털, 이똥 들을 힘을 모아 물리친다. 이 장쾌한 서사를 이야기는 일목요연하게 정리해 이끌어가고 있으며, 그림은 유머러스하고 섬세하게 세부를 형상화하며 활달하게 펼쳐 보이고 있다.

사실 우리 그림책의 서사를 지탱하는 중요한 곳간은 옛이야기들이었다. 옛이야기의 일차원적인 세계가 그림책의 서사로서 손색이 없는 자질을 갖추고 있으며, 옛이야기의 민중적 세계상이 어린이의 성장에 필요한 자양분이기 때문이었다. 그러나 구비전승으로 이어져온 옛이야기뿐만 아니라, 기록 문학으로 존재했던 문헌 설화들에서도 어린이 문학이 적극적으로 끌어와야 할 이야기가 만만치 않게 널려 있음을 이 그림책은 보여준다. 어느새 우리는 알지 못한다고 해서 존재하지 않는다고 생각하는 오만과 편견을 지녔던 셈이다.

이 그림책이 지금·여기에서의 우리 그림책에 안겨주는 의미망은 결코 심상하지 않다. 전통의 재창조를 비롯하여 옛글에 내재된 힘을 보는 안목, 그것을 그림을 통해 현대적으로 해석하는 독창성, 글과

그림, 편집이 서로 협응함으로써 획득되는 완미함 등은 주목할 만한 지점이다. 그럼에도 정작 우리 아이들의 그림책 읽기는 이 모든 것을 포획할 필요는 없다. 그저 깔깔거리며 예쁘다, 재미있다는 감탄이 터져 나오는 것만으로 충분하다. 그림책을 만드는 과정과 달리 그림책을 읽는 행위는 전적으로 즐겁고 또 즐거운 활동이면 충분하기 때문이다.【김상욱】

내 나이 열 살, 돈 쓸 데가 너무 많다

『용돈 좀 올려주세요』 | 아마노 유우끼찌 글·그림 | 김소연 옮김 | 창비

지금 당신은 초등학교 3학년이다. 엄마가 주는 용돈은 하루에 500원. 당신에게 500원은 너무 적다. 열 살이면 돈 쓸 데가 얼마나 많은데. 당신이 원하는 용돈은 1,000원. 당신 생각엔 많지도 적지도 않은, 딱 양심적인 금액. 그러나 엄마에게는 씨알도 먹히지 않을 금액. 자, 이제 당신은 어떻게 할 것인가?

『용돈 좀 올려주세요』의 주인공 찬이는 포스터를 그려서 붙이기로 했다. 자신의 주장을 담은 포스터를 엄마의 영역인 부엌에 공개적으로 붙인다면 제아무리 막무가내인 엄마라도 못 본 척할 수는 없을 테니. 기발하고 영특하다!

찬이는 먼저 자신의 솔직한 심정을 표어로 쓴다. "엄마만 쓰지 말고 아들 용돈도 두 배로 올려라. 두 배로!" 음, 이건 너무 과격하다.

아무 소득 없이 야단만 맞을 게 뻔하다. "올려라!" 대신 점잖게 "올려주시오!"로 바꾼다. 무릇 포스터란 눈길을 끌어야 하니, 엄마가 보고 웃게 재미난 그림을 그린다. 콧구멍에 양말을 쑤셔 넣고 수염인 양 점잔을 빼는 자기 모습을 그린다.

이내 엄마를 웃겨봐야 뭐하나 하는 생각이 든다. 용돈 인상은 절박한 사안이다. 심각하게, 용돈을 안 올려주면 큰일 날 듯 겁을 주자. 찬이는 곧 폭발할 기세인 폭탄을 그린다. "이대로 두면 전국의 어린이들이 화나서 폭발할 거다. 어서 빨리 용돈을 두 배로 올려주시오."

이것도 아닌가? 논리적으로 설득해볼까? 이번엔 잡지에 실린 초등학생의 용돈 통계를 인용해 그래프를 그린다. "많이는 필요 없다. 남들만큼만."

"엄마들은 쩨쩨하니까" 유인책을 쓰는 건 어떨까? 가장 강력한 타협안일 "용돈 쑥쑥, 성적 쑥쑥!" 포스터, 뒤를 이어 낭비하지 않겠다는 의지를 담은 돼지저금통과 용돈기입장 포스터가 등장한다. 절실한 만큼 아이디어가 샘솟는다.

책 전체에 그림이라고는 아무도 없는 부엌 풍경과 포스터 15장뿐이지만, 책을 읽는 독자의 머릿속에서는 심각한 얼굴의 꼬맹이 하나가 온 집안을 이리저리 헤집으며 돌아다닌다. 손은 물감 자국으로 얼룩덜룩하고 콧등엔 땀이 송송 솟았다. 창작의 고통(?) 탓에 잔뜩 찌푸렸지만 눈빛은 반짝인다. 이렇게 진지하게 '소통'을 위해 애쓰는 아이라면 나중에 커서 '불통의 정치' 따위는 하지 않으렷다.

압권은 저울에 1,000원 지폐와 500원 동전을 올려놓은 "겨우

1,000원. 가볍다, 가벼워" 포스터와 도화지 한복판에 달랑 500원짜리 동전 하나를 그린 "믿음은 돈으로 표현된다. 나는 겨우 500원짜리다" 포스터. 어찌나 웃었는지 눈물이 다 났다. 길고 긴 노력 끝에 마침내 찬이가 부엌에 붙인 포스터 역시 배꼽을 잡게 만든다. 궁금한 분은 책을 읽어보시길.

일본 초등학생들이 실제로 그린 포스터를 바탕으로 만든 책이란다. 그림책의 세계는 넓기도 하다.【최정선】

놀이라는 왕국으로 아이들이 사뿐사뿐

『고양이』 | 이형진 그림 | 현덕 글 | 길벗어린이

아들 녀석이 어릴 때였다. 잠을 못 자고 뒤척이기에, 넌지시 끼어들었다.

"잠이 안 와? 그럼 오늘 뭐 했나 생각해. 그래야 생각이 자라지."

되돌아온 말은, "그런 생각 한 번도 해본 적 없는데~"였다.

"그래? 그럼 뭘 생각하는데?"라고 다시 묻자,

"내일 뭐 하고 놀까 생각해"라고 했다.

그렇다. 아이들에게는 과거가 없다. 그저 미래만 있을 뿐이다. 그러니 방금 지청구를 듣고도 헤헤거리며 얼굴을 들이밀 수 있는 것이다. 더욱이 딱히 해야 할 일도 없다. 아이의 머릿속을 꽉 채우고 있는 건 그저 놀 생각뿐이다. 그러니 아이들은 놀이라는 왕국의 주인공들인 셈이다.

식민지 시대 아동문학의 큰 획을 그은 현덕은 놀이하는 아이들을 정확하게 포착하고, 또 묘사하고 있다. 『고양이』는 그 대표적인 작품이다. 노마, 똘똘이, 영이 등 현덕 동화에 어김없이 등장하는 주인공들은 지금 고양이 흉내를 내는 중이다. 고양이 모양, 고양이 목소리로 살살 앵두나무 밑을 기어가고, 마루 밑으로, 담 밑으로 사람이 다니지 않는 길로 간다. 그러다 점차 고양이가 되어간다. 굴뚝 뒤에서 쥐를 기다리고, 닭을 쫓기도 하고, 부엌 선반의 북어를 물어 내오기도 한다. 그저 고양이니 혼날 염려도 없이 달아나기만 하면 그뿐이라 생각한다. 놀이 속에서 아이들은 완벽하게 고양이로 변신한다.

이형진은 현덕의 글을 그림책으로 바꾸어내고 있다. 글 작가와 그림 작가의 관계는 마치 악보와 연주, 희곡과 연극의 관계에 놓여 있다. 연주자에 따라 악곡의 해석이 달라지듯, 그림 작가에 따라 새로운 연출이 가능해진다. 이형진은 먼저 굵고 힘찬 선으로 인물들을

도드라지게 묘사한다. 과감하게 배경의 세부는 지워버리고 형태만 흐릿하게 실루엣으로 설정한다. 아이들의 동작선들 뒤로 고양이의 모습이 대비되어 표현되고, 고양이의 움직임과 엄밀히 대응하며 역동적인 한순간을 포착하고 있다. 북어를 물어오는 장면에서는 마침내 고양이로 완벽하게 치환된다. 그렇게 바뀐 고양이는 여전히 인물들의 형상적 특성들을 재현하고 있다. 영이는 영이 고양이로, 똘똘이는 똘똘이 고양이로, 노마는 노마 고양이로 표정을 담고 있다.

이 그림책은 놀이를 담고 있을 뿐만 아니라 새로운 놀이를 창출하기도 한다. 독자로서의 아이들 역시 성큼 고양이로 변신하여, '아옹아옹' 고양이 소리를 내며, 고양이의 움직임을 흉내 낸다. 그쯤 되면 우리는 고양이를 키우는 건지, 아이를 키우는 건지 의아해지기도 한다. 물론 "그만하라니까!"라는 타박을 듣고서야 아이들의 놀이는 아쉽게도 멈출 것이다.

아이들의 놀 시간이 점차 줄어들고 있다. 미래를 준비하느라 정작 현재를 저당 잡힌 셈이다. 그러나 미래는 지금 여기에서의 현재를 잇댄 것이지 현재를 저당 잡혀서야 얻어지는 성큼 건너뛴 미래는 아닐 것이다. 새삼 『죽은 시인의 사회』에서 '카르페 디엠'이라 외치던 키팅 선생님이 떠오른다. 아이들의 미래는 언제 올지 알 수 없는 먼 미래가 아니라, 언제나 임박한 미래일 것이다. "내일 뭐 하고 놀지?"라는 질문이야말로 거듭 아이들의 뇌리를 채우는 질문이어야 한다. 그것이 아이들 세계의 전부이며 또 전부여야 한다.【김상욱】

다윈은 갔지만 우리는 살아남았어

『갈라파고스』 | 제이슨 친 글·그림 | 윤소영 옮김 | 스콜라

'갈라파고스 규제'라는 말이 미디어에 자주 오르내린다. '글로벌 스탠더드'와 '암 덩어리'가 따라붙는다. 갈라파고스-다윈-종의 기원-자연선택-진화론, 조건반사처럼 이어지던 머릿속 회로에 제동이 걸렸다. 퍼뜩 밀란 쿤데라가 『불멸』에서 티코 브라헤에 대해 쓴 게 떠오른다. 후세 사람들은 이 위대한 천문학자를 체면 때문에 화장실에 가지 못해 방광이 터져 죽은 '수줍음과 오줌의 순교자'로만 기억한다. 티코 브라헤는 우스꽝스러운 불멸의 올가미에 사로잡혔다.

갈라파고스는 에콰도르 서쪽 해안에서 1,000km 지점, 적도 위에 흩어져 있는 크고 작은 화산섬과 암초의 무리다. 한때는 '세상 속의 세상', '완벽한 진화의 실험실'이라 불렸으나 이제는 '불합리와 불편함과 고립'의 대명사가 되었다. 티코 브라헤 못지않게 억울할 그 섬들을 생각하며 그림책 『갈라파고스』를 읽는다.

『갈라파고스』는 '과학과 예술이 결합된' 논픽션 그림책이자 부제 그대로 '섬의 탄생과 생물의 진화 이야기'다. 미국 그림책 작가 제이슨 친이 진화생태학자를 비롯해 지질학과 생물학 분야 전문가들의 도움을 받아 만들었다. 무려 600만 년에 걸친 섬의 지질학적 변화와 생물의 진화 과정이 명쾌하고 영민하게 정리되어 서른 쪽 남짓한 그림책에 아름답고도 생동감 넘치게 담겼다.

바다 밑에서 화산이 폭발하며 섬들이 태어나고, 물길 따라 맹그로브 씨앗과 바다이구아나가 흘러오고 바닷새가 날아와 둥지를 틀면서 생명이 깃들기 시작한 섬의 탄생기로부터 화산 분출이 뜸해지며 동식물이 번창한 성장기, 핀치를 비롯한 여러 생물이 바뀌어가는 환경에 맞춰 '자연 선택적'으로 진화를 거듭한 성숙기, 그리고 섬들이

점점 바닷속으로 가라앉으며 자취를 감추어가는 쇠퇴기에 이르기까지 섬들과 그곳에 깃든 생명들이 살아온 이력이 손에 잡힐 듯 실감 난다.

오목조목 섬세하게 묘사한 큰땅핀치, 딱따구리핀치, 갈라파고스가마우지, 갈라파고스앨버트로스, 붉은눈갈매기, 바다이구아나, 갈라파고스땅거북, 갈라파고스펭귄 따위 갈라파고스 고유의 생물종을 보는 재미도 쏠쏠하다.

수백만 년 세월의 끝자락, 큰 섬이라고는 겨우 열댓 개 남은 1835년에 범선 한 척이 등장한다. 찰스 다윈이 탄 비글호다. 잠시 머물렀다 이내 떠나는 이들을 갈라파고스의 뭇 생명들이 묵묵히 지켜본다.

잊지 말자. 지구상의 다른 어느 곳에서도 찾아볼 수 없는 갈라파고스의 희귀 생물은 수십만, 수백만 년 긴 세월 끊임없이 변화하는

섬 환경에 최선을 다하여 '적응해 살아남은' 이들이다. 앞으로도 섬은 끊임없이 변화할 것이고, 이들 또한 이 섬 저 섬을 옮겨 다니며, 끊임없이 변화하며, '어떻게든 살길을 찾아낼' 것이다. 【최정선】

집이 가출하다니!

『삐딱이를 찾아라』 | 김태호 글 | 정현진 그림 | 비룡소

집을 주인공으로 하는 그림책이라면 너무나 유명한 버지니아 버튼의 『작은 집 이야기』가 있다. 꽃 피는 언덕에서 살던 시절의 행복한 얼굴, 도시 한가운데 버려져 있던 때의 공허한 얼굴 같은 생생한 표정이 독자들에게 깊게 각인되는 그림책이다.

그 작은 집을 능가하면 능가했지 결코 못하지 않은 오두막을 발견하고 나는 탄성을 올렸다. 『삐딱이를 찾아라』가 그 주인공이다. "삐딱한 창문 / 삐딱한 굴뚝 / 삐딱한 지붕"이라는 리드미컬한 첫 문장이 시사하듯 이 이야기는 삐딱하고 경쾌하다. 삐딱이가 처음부터 삐딱한 건 아니었단다. 애가 일곱 명이나 태어나는 동안 점점 더 삐거덕거렸을 뿐. 집이 너무 작으니 이사 가자는 말에 심통이 난 작은 집은 가출을 감행한다. 집이 집을 나가다니! 『엉덩이가 집을 나갔어

요』이래 가장 희귀한 가출이다.

　강을 건너고, 도시를 헤매고, 자작나무 숲에서 도둑을 물리치고, 언덕 아래로 굴러떨어지고……. 삐딱이는 산전수전을 다 겪는다. 그러다 번듯한 빈집을 만나는데, 자기가 버리고 온 가족을 찾아가겠다는 그 큰 집을 "내 가족이야!"를 외치며 허겁지겁 따라가고, 한발 늦어 설 자리가 없어지자 해낸 생각이……. 이 기발한 결말은 책에서 직접 확인해보시기 바란다.

　이야기도 이렇게 재미있고 군더더기 없이 스피디한 데다 의성어와 의태어를 적절히 사용한 문장도 좋지만, 더욱 좋은 건 종이공예로 구성한 일러스트다. 이런 손재주라니! 삐딱이의 삐딱한 표정, 혼비백산한 얼굴, 피곤하고 외로운 얼굴, 결의에 찬 얼굴 등등이 정말 생생하다. 일곱 아이, 빨랫줄의 빨래, 나무와 풀, 도시의 거리 풍경도 오밀조밀 풍성하다. 어떻게 종이로 이런 작품이 나올 수가 있나 찾

아보니 부분부분 점토, 솜, 셀로판지, 패브릭, 와이어 같은 재료들도 활용했다고 한다. 어느 부분에 어느 재료가 쓰였는지 분간할 수는 없으나 그 장인 정신에는 감탄을 금할 수가 없다.

 삐딱이가 들끓는 내면을 주체할 수 없어 바깥으로 폭발시키는 아이의 심리를 반영한다든가, 집-바깥-집으로 이어지는 전형적 이야기 구조 안에 아이의 성장기를 담고 있다든가 하는 해설을 여기에 덧붙이고 싶지는 않다. 이 섬세하고 꼼꼼한 공예로, 이렇게 역동적이고 탄탄한 서사와 호탕한 모험의 기운을 담아낸 솜씨에 경의를 표하는 것으로 족하지 않을까. 우두두둑 쩌억! 하며 삐딱이가 땅을 가르고 발을 빼내는 장면의 넘치는 힘과, 큰집 옆에 털썩 주저앉아 밤하늘을 보는 장면의 아릿한 서정을 양극에 두고 그 사이를 자유롭게 활보하는 이 신나는 책이, 답답한 요즘 드물게 숨통을 틔워준 돌파구였다. 【김서정】

· 한 걸음 더 ·
그림책, 글과 그림이 만들어가는 이야기책

"시를 읽어도 세월은 가고, 시를 읽지 않아도 세월은 간다."

시인 안도현이 한 말이다. 물론이다. 그림책을 읽지 않아도 아이들은 자라고, 그림책을 읽어도 아이들은 자란다. 시가, 그림책이 한 그릇의 고봉밥, 한 조각의 막 구워낸 빵이 아니기에 시나 그림책은 성장의 필수적인 자양분은 아니다. 그럼에도 우리에게는 시가, 우리 아이들에게는 그림책이 필요하다. 밥과 빵이 우리의 몸을 만든다면, 시와 그림책은 우리의 영혼을 살찌게 한다. 시와 그림책이 예술 작품이기 때문이다. 더욱이 그림책은 글과 그림이 함께 어우러져, 이야기를 들려준다. 그림책 속에는 이야기가 있으며, 이야기의 힘이 그림책 속에는 빼곡하게 들어차 있다.

더러 그림책이란 이름에서 알 수 있듯, 그림책의 주인공이 그림이 아닌가 하는 이들이 있다. 그러나 그림책은 그림만을 위한 책이 아니며, 그렇다고 글을 위한 책 또한 아니다. 그림책을 문학 작품으로 분류할 수 없게 만드는 것도 이 때문이다. 그림책은 문학의 한 하위

장르가 아닌, 그 어떤 분류에도 뒤섞이지 않는 독특한 장르다. 그림을 보는 눈으로 그림책을 평가할 수도 없으며, 글을 보는 눈으로 그림책을 평가할 수도 없다.

그림책의 그림은 전시장에 내걸린 그림과는 확연히 다르다. 예컨대 그림책은 책이란 형식적 특성으로 말미암아 가운데에 접히는 홈이 있다. 따라서 그림책의 그림은 한가운데에 비중 있는 대상을 설정하지 않는다. 접히는 홈으로 말미암아 대상이 일그러지기 때문이다. 그림책은 가운데에서 약간 비켜선 자리에 초점이 있다. 이는 분명 그림의 구도란 관점에서는 결격 사유에 해당한다. 더욱이 그림책의 그림은 그 자체만으로 완결된 그림이 아니다. 언제나 다음 그림을 통해 보완되고 연결되어야 한다. 따라서 그림책 속 한 편의 그림이 미적 만족감을 안겨준다는 것은 불가능하다. 고작해야 마지막 화면에서만 안정적인 완결성을 획득할 따름이다. 그 이전의 모든 화면은 고정되어 있지 않고, 출렁인다. 쉼 없이 다음 화면으로 넘겨보기를 권유한다. 따라서 그림책의 그림은 그림책만의 독특한 문법 속에서 평가해야 한다.

그림책의 글 또한 다르지 않다. 그림책의 글은 무엇보다 묘사를 거부한다. 좋은 문학 작품이 설명에 바탕을 둔 '들려주기'보다는 묘사를 통한 '보여주기'를 즐겨 활용하는 것과 대조적이다. '보여주기'는 전적으로 그림 득의의 영역이기 때문이다. 글은 아무리 뛰어난 작가가, 아무리 많은 낱말을 동원해도 새끼손가락 하나 정확하게 그려낼 수 없다. 다만 새끼손가락이 불러일으키는 정념을 지시할 수 있을 뿐이다. '보여주기'를 배제한 그림책의 글은 따라서 살을 발라내고 남은 생선의 가시마냥 건조하고 헐벗은 채로 존재한다. 압축적인 시나 플롯의 요약처럼 제시되는, 옛이야기와 그림책의 글이 비슷한 것도 이 때문이다. 그림책의 글은 그 자체만으로는 어떤 아름다움을 표현하지 못한다. 좋은 문학 작품에 좋은 그림을 잇댄다고 해서 좋은 그림책이 생겨나는 것은 결코 아니다.

그런 점에서 권정생 선생은 탁월하다. 선생은 작품집에 실린 원고 그대로를 그림책의 원고로 던져준 적이 없다. 그림책에 맞게 변형하고, 덜어냄으로써 그림이 말할 수 있는 공간을 넉넉하게 마련해 주었다. 『강아지똥』, 『오소리네 집 꽃밭』, 『황소 아저씨』 등에서 정승각의 작업이 빛을 발할 수 있었던 것은 많은 부분 권정생 선생의 그림책에 대한 안목에 기댄 바가 크다.

그림책에서 그림과 글은 그 자체만으로는 결코 완전하지 않다. 둘의 결합을 통해서야만 비로소 온전해지는 예술 장르이다. 글이 아예 없는 '글 없는 그림책'조차 제목까지 지워버릴 수는 없다. '글 없는 그림책'의 제목은 마치 악곡에 이름이 붙어 있는 표제음악처럼 중심적인 묘사의 대상을 제시해준다. 『눈사람 아저씨』의 제목이 보아야 하는 초점을 제공함으로써 비로

소 눈사람과 함께 떠나는 아이의 환상 여행은 완성된다. 그런데 글과 그림이 언제나 함께 결합하는 그림책은 이 양자의 단순한 산술적 합이 아니다. 둘의 결합은 물리적 결합이 아닌, 화학적 결합으로 새로운 무엇인가를 만들어낸다. 그 무엇은 곧 이야기다. 글과 그림이 함께 결합하여 이루어낸 서사야말로 그림책의 진정한 주인공이다. 물론 이야기 그림책에 한해서 그러하다.

이야기는 우리네 삶 그 자체의 형식이다. 우리네 삶이 곧 처음, 중간, 끝으로 이루어진 이야기이며, 우리는 쉼 없이 이야기를 들으며, 이야기를 하며 살아간다. 하루의 일상도 이야기이며, 한 생애도 이야기다. 특정한 과제를 설정하고 부딪히고 마침내 해결하는 과정도 이야기의 형식으로 펼쳐진다. 이야기는 삶의 충만한 한 양상이며, 삶 그 자체가 이야기이기도 하다. 그러나 이야기가 단순히 삶을 반영하는 것만은 아니다. 이야기는 경험으로 존재하는 삶을 의미 있는 맥락 속에서 재구성한다. 이야기는 흩어진 채 존재하는 일상적인 경험을 의미 있는 체험으로 구조화하고, 인간 행동의 모형들을 제공해준다. 따라서 어린 영유아들에게도 이야기는 필요하며, 그림책은 이들에게 꼭 맞춤한 이야기란 자양을 제공하는 장르다.

더러 그림책을 아이에게 읽어주어야 하는 이유를 이렇게 저렇게 들이미는 이들이 있다. 시각 이미지를 해석하는 능력을 길러준다거나 초기 언어 능력이 발달한다거나 이야기 문법을 내면화한다는 등의 입론이 그러하다. 그러나 이들 그 어떤 이점보다 그림책이 갖는 매혹은 부모와 나누는 정서적 일체감이다. 그림책을 읽어주는 어른과 읽어주는 그림책을 보고 듣는 아이가 함께 나누는 경험 그 자체가 가장 소중하다. 그림책을 읽어줄 때만큼은 아이가 세계의 중심이 된다. 사랑받고 있다는 느낌을 깊이 내면화하는 것보다 더 귀하고 소중한 것은 없는 법이다. 이 놀라운 정서적인 울림을 견고하게 간직하는 한, 아이는 세상의 거친 파도를 이겨내는 법을 익힐 것이다.

더욱이 그 정서적 울림이 그림책 속 이야기를 통해 매개된다면, 그보다 더 즐겁고 유쾌한 일은 어디에도 없을 것이다. 이야기는 곧 경험이다. 구조화된 경험, 의미로 포착된 경험이다. 이 경험 속에서 아이는 다른 존재가 된다. '강아지똥'이 되고, '존 패트릭 노먼 맥허너시'가 된다. 이 상상적 경험은 자연스럽게 공감하는 힘을 건네준다. 수없이 많은 타자를 경험함으로써 아이들은 인간에 대해 한층 더 깊게, 한층 더 넓게 이해할 수 있게 된다. 이야기가 불러일으키는 상상력은 결국 인간에 대한 탐구 그 이상도 이하도 아니기 때문이다. 이야기는 나를 포함하여 나 아닌 다른 존재에 대한 탐구를 지속적으로 이어가게 만든다. 그것이 이야기의 힘이며, 그림책의 힘이다.

더욱이 이야기를 통한 경험은, 경험은 건네되 상처를 남기지 않는다. 『우리 할아버지』를 읽으며 경험하는 죽음은 직접적인 죽음을 마주하는 것과는 다르다. 커다랗게 존재하는 초록빛 의자 속 할아버지의 부재는 고통스러운 그리움을 자아낸다. 그러나 그 그리움은 뛰어난 작품일수록 우리의 내면 속에 깊이 자리 잡게 만든

다. 그러나 다행스럽게도 책을 덮는 순간 우리는 이야기 밖으로 튕겨져 나오며, 고통 또한 잦아들기 마련이다. 우리는 모든 것을 경험하나 어느 것 하나 잃지 않은 채, 그림책 속 이야기를 우리의 내면에 깃들게 할 수 있다.

이처럼 그림책의 본질이 이야기라면 좋은 그림책이란 무엇인가에 대한 답 또한 여기에 있다. 이야기의 힘이, 이야기의 아름다움이 잘 펼쳐진 작품이 좋은 그림책이다. 그림의 깊이, 글이 지닌 시적 아름다움이 아닌, 이야기의 힘찬 아름다움이 좋은 그림책의 유일무이한 조건이다. 이는 우리 그림책이 갖는 아쉬움이기도 하다. 이억배의 유쾌하고도 멋진 그림으로 잘 알려진 『세상에서 가장 힘센 수탉』은 물에 기름이 뜨듯 아이들과 동떨어진 이야기로 말미암아 절반의 성공밖에 이루어내지 못하였다. 우리 그림책 작가들은 무엇보다 글과 그림을 함께 작업해야 가장 이상적인 작품이 나온다는 강박에서 놓여날 필요도 있다. 제대로 된 그림책의 글이라면 기꺼이 그림을 잇대어, 더욱 좋은 그림책으로 만들기를 그림작가들은 마다하지 않아야 한다. 자신의 경험 속에서 갇혀 있는 한 좋은 그림책을 한두 권 만들 수 있을지는 몰라도, 줄기차게 좋은 작품을 선보이는 좋은 그림책 작가가 되기는 어렵다. 기꺼이 이야기를 위해 낮은 자리를 자처하는 겸손함이 필요한 시점이다.

물론 좋은 작품들이 무수히 많은 것도 사실이다. 서현의 『눈물바다』나 백희나의 『구름빵』, 『장수탕 선녀님』, 박연철의 『어처구니 이야기』, 이혜란의 『우리 가족입니다』, 김세현의 『엄마 까투리』, 권윤

덕의 『고양이는 나만 따라 해』 등 작품을 떠올리는 것만으로도 행복하게 만드는 작가들이 적지 않다. 우리 그림책의 발전 속도는 눈이 부실 지경이다. 그러나 아직 갈 길이 먼 것 또한 사실이다. 150년 남짓 되는 서양 그림책의 역사와 비교할 때, 고작 2, 30년 남짓 된 청년기의 패기와 실험 정신이 돋보일 따름이다. 그럴진대 우리 그림책에 대한 애정은 더욱 필요하다. 필자는 그림책을 중개하는 모든 비평가나 교사, 사서 들이 그림책의 스크린 쿼터에 대해 진지하게 생각해야 할 때라고 느낀다. 스크린 쿼터가 우리 영화의 발전에 지대한 영향을 끼쳤듯이, 서양 그림책과 함께 반드시 우리네 그림책을 우리 아이들에게 건네주는 의도적인 노력이 강제되어야 할 듯 하다. 손쉬운 번역 그림책에 출판사들이 매달리는 만큼 우리 그림책 출판에도 기꺼이 노력을 경주해야 할 것이다. 우리 아이들에게는 우리의 예술적 감성이, 우리의 이야기가 필요하기 때문이다.

  당연히 그림책을 읽어도, 그림책을 읽지 않아도 아이들은 자란다. 그럼에도 그림책을 읽지 않고 자란 아이들은 그만큼 이야기를 향유하지 못한 셈이다. 그만큼 의미 있는 삶의 경험이 부족하며, 그만큼 타자에 대한 공감 능력이 부족할 것이다. 더욱이 그 경험이 생각과 느낌이 여물지 않은 영유아나 초등학생 시절에 겪는 것이라면, 그림책이 주는 이야기의 힘찬 아름다움은 아무리 강조해도 부족한 지경이다. 그림책은 성장의 방향을 묻는 성장의 디딤돌이자 징검돌인 것이다.【김상욱】

여름

결국 보게 될 거야

『고래가 보고 싶거든』 | 줄리 폴리아노 글 | 에린 E. 스테드 그림 | 김경연 옮김 | 문학동네어린이

요즘에도 공룡이나 시조새, 고래 같은 것을 보고 싶어 하는 아이가 있을까? 그런 아이에게 뭐라고 말해줄까? 줄리 폴리아노는 시 『고래가 보고 싶거든』에서 이렇게 말한다.

고래가 보고 싶니?
그렇다면 창문이 있어야 해.
그리고 바다도.
시간도 있어야 해.
바라보고
기다리고
"저게 고래가 아닐까?" 생각할 시간.

"저건 그냥 새잖아." 깨달을 시간도.

'고래를 만나는 법'을 일러주는 시인의 목소리는 조근조근 이어진다. 고래를 기다리기 위해 바다가 보이는 창가에 앉은 다음에는 의자랑 담요가 필요하다고, 그러나 깜박 졸게끔 너무 편한 의자나 너무 포근한 담요는 안 된다고, 그리고 혹시 예쁘고 향기로운 장미가 눈에 들어와도 모르는 척해야 한다고, 바다 위에 떠가는 작은 배에도 큰 배에도 한눈을 팔아서는 안 된다고, 펠리컨같이 저절로 웃음이 픽픽 터지게 재미나게 생긴 새가 가까이에 와 앉아도 마음을 빼앗기면 안 된다고, 덤불숲의 초록 애벌레를 들여다보거나 하늘에 떠 있는 온갖 멋진 구름을 올려다봐서도 안 된다고, 고래를 보고 싶으면 오직 바다만 바라봐야 한다고, 고래 생각만 해야 한다고, 오직 고

여름 • 71

래만을 기다리고, 기다리고 또 기다려야 한다고.

이 멋진 시를 지나치거나 모자라지 않게 담담하고도 간결한 이미지로 풀어낸 에린 스테드의 그림 또한 시라고 할 만하다. 리놀륨 판에 칼로 새긴 이미지를 잉크 묻힌 롤러로 찍어낸 판화에 다정한 연필선을 더한 그림은 마지막 장을 닫자마자 금세 다시 펼치고 싶게 만든다.

특히 시의 마지막 구절 "또 기다리는 거야"를 포만감 가득히 연출한 장면, 처음으로 고래가 등장하는 이 장면이 그렇다. 온 마음을 다해 기다리고 기다리는 아이와 강아지, 보트 아래 바다를 가득히 채우며 "누가 나를 보고 싶어 한다고?" 묻는 듯이 다가와 있는 고래!

그리하여 그림책은 드디어 아이가 고래를 보게 되는 그림 장면으로 끝난다. 훌륭한 그림책의 결말답게, 어린이 독자는 지금껏 오직 고래를 보고자 조바심치며 견뎌온 아이다운 열망에 합당한 멋진 결말을 즐기고, 번번이 열망하는 일의 진정한 핵심을 놓친 채 한눈팔거나 곁가지를 붙들고 늘어지는 어른 독자는 새삼 허를 찔리는 놀라운 결말을 곱씹게 된다. 간절히 보고 싶어 하면 보게 된다!

한마디 덧붙이기. 줄리 폴리아니와 에린 스테드가 이처럼 한 몸인 듯 호흡을 맞춰 명품을 빚어낸 것은 이 그림책이 처음이 아니다(『봄이다!』, 『곰이 하고 싶은 이야기가 있대』 등이 있다). 서점 직원이었던 에린 스테드가 시인 줄리를 만난 역사가 있었고, 거기에도 분명 '고래를 보고 싶었던 것'만큼 간절한 열망이 있었을 것이다. 【이상희】

정글 속의 천진난만

『사뿐사뿐 따삐르』 | 김한민 글·그림 | 비룡소

발소리만 들어도 알 수 있다. 쿵, 쿵, 쿵, 쿵! 땅아 꺼져라, 건물 바닥아 내려앉아라, 속으로 주문이라도 외우는지 온몸의 힘을 실어 쿵쿵대는 건 통로 옆자리 편집자다. 타달, 타달, 타달. 곧이어 '휴' 하고 한숨 소리가 새어나올 듯 지친 발소리는 보나마나 창가 자리 디자이너. 자박자박 가벼운 발걸음은 이쪽, 기름 안 친 경첩 소리 같은 찌그덕 찌그덕은 저쪽. 딱, 따각, 딱, 딱, 성마른 발소리는 오늘도 신발장 앞에서 단화를 10초쯤 노려보다가 하이힐을 집어 들었을 구석 자리 편집자다. 발소리를 들으면 누가 오고 가는지, 기분은 어떤지 대충 짐작이 간다.

'따삐르'라는 동물이 있다. 얼굴은 코가 좀 짧은 코끼리 같고, 눈은 코뿔소를 닮았으며, 몸통은 돼지랑 비슷하단다. 새끼 때는 몸에 줄

무늬가 있다가 크면 없어지는 것도 멧돼지와 같다. 그런데 이 묵직한 녀석들, 걷는 모양새가 뜻밖이다. 덩치에 어울리지 않게 사뿐사뿐, 발소리도 내지 않고 살금살금 다닌다니 말이다.

그림책『사뿐사뿐 따뻬르』는 바로 이 따뻬르가 주인공이다. 흔치 않게 말레이시아 정글이 배경이다. 게다가 수묵으로 표현한 정글이라니, 신선하다. 눈이 시원하다.

코끼리가, 코뿔소가, 긴팔원숭이가 발을 구르고 날개를 퍼덕이며 저마다 시끌벅적 떠들어대는 정글을 가로지르며 엄마 따뻬르와 아기 따뻬르가 걷는다. 잠든 악어가 깰세라 살금살금, 꽃 한 송이, 개미 한 마리라도 밟을세라 사뿐사뿐. 투실투실한 녀석들이 어깨를 옹송그리고 발끝으로 걷는 모습에 웃음이 절로 난다. 불룩 튀어나온 배가 꼭 산타 할아버지의 선물 주머니 같다.

그런데 이 녀석들 봐라. 발 빠른 표범이 쫓아와도 사뿐사뿐, 총 든 사냥꾼이 나타나도 사뿐사뿐. 그저 제 식으로 제 갈 길 간다. 심지어 아기 따뻬르는 총소리에 겁먹은 표범에게 조언까지 한다. 자기처럼 해보라고. 어떻게? "들키지 않게 살금살금, 바스락 소리도 안 나게

사뿐사뿐!"

재기 발랄, 천진난만, 유쾌하고 사랑스럽다. 따삐르와 표범이 도망치는 장면은 사냥꾼의 시점으로 시점을 바꾸어서 그렸다면 더욱 좋았겠다. 사냥꾼의 눈에 비친 정글은 그저 나뭇잎만 살랑거릴 뿐 시치미를 뚝 떼고 입 다문 정글일 테니. 온갖 풀이 뒤엉킨 풀숲과 빽빽한 나뭇가지 사이로 모두가 꽁꽁 숨어버린, 제 품에 안은 식구들을 쉽게 내놓지 않을 녹록치 않은 정글 말이다.

얼마 전에 이사를 했다. 이사 오기가 무섭게 위층 아기 엄마가 갓 구운 파이며 싱싱한 감귤 봉지를 안길 때 짐작해야 했다. 볼이 발그레하니 귀여운 위층 오누이는 온종일 탁구공처럼 통통 뛰어다닌다. 높이뛰기를 하는지, 멀리뛰기를 하는지 천장이 울릴 때마다 내 두개골도 깡깡 울린다. 요 꼬맹이들아, 제발 따삐르처럼! 【최정선】

어른 개미가 어린 개미를 지키는 법

『로켓 펭귄과 끝내주는 친구들』 | 예쎄 구쎈스 글 | 마리예 톨만 그림
김서정 옮김 | 그림책공작소

　박경리 문학상 수상 작가 베른하르트 슐링크 선생을 모시고 강원도 원주 토지문화관으로 들어가던 자동차에서의 일이다. 헌법재판소 판사 출신인 이 독일 작가는 방한 일정 내내 일흔 나이가 무색하도록 온갖 것에 왕성한 호기심을 표했는데, 이날은 한국 지도를 보고 싶어 하는 바람에 동행한 이들이 법석을 떨었다. 만반의 준비를 했는데도 지도 챙길 생각은 못 했던 것이다.

　각자의 가방이며 수첩을 뒤지며 쩔쩔매다가 결국 스마트폰으로 한국 지도를 보여줬다. "지금 떠나온 서울은 어디인가?", "원주는 어디인가?", "한국 사람들이 휴가를 즐기러 가는 곳은 어디인가?", "제주도는 어디인가?" 등의 질문은 느닷없이 "광주는 어디인가?", "배

둥실둥실 개미

열대 개미들은 홍수가 나면 서로서로 꼭 붙잡아 둥그렇게 원을 만들어요. 그래서 둥실둥실 물 위를 떠다니지요. 한가운데 있는 어린 개미들은 보송보송 안전하답니다.

이런 개미들은 멋있어 보기도 있대요!

사고가 난 지역은 어디인가?"로 이어졌다. 수상 소식을 듣자마자 '한국' 연구를 시작했다더니!

　네덜란드 작가와 화가 예세 구쎈스와 마리예 톨만이 만든 그림책 『로켓 펭귄과 끝내주는 친구들』은 스물네 마리 동물의 경이로운 생태를 발랄하고도 심오한 텍스트와 환상적이고도 회화적인 그림으로 펼쳐 보인다. 그러나 '열대 개미'에 관한 글과 그림의 첫 장면에서는 모종의 각오가 필요하다. 슐링크 선생이 지도를 들여다보며 했던 질문처럼, 푸른 소용돌이에 휩쓸린 개미떼 그림이 마음을 할퀸다. "열대 개미들이 인간보다 낫다"는 식의 '인간 우월주의'적 반성이 아닌, 생생한 회한이 마음 바다를 소용돌이치는 것이다.

　"열대 개미들은 홍수가 나면 서로서로 꼭 붙잡아 동그랗게 원을 만들어요. 그래서 둥실둥실 물 위를 떠다니지요. 한가운데 있는 어린 개미들은 보송보송 안전하답니다."

커봤자 1cm를 넘지 않는 개미들이 서로서로 꼭 붙들다니……. 물살을 거스르며 동그랗게 원을 이룬 채 둥실둥실 물 위를 떠다닌다니……. 그 한가운데로 어린 생명들을 몰아넣고 물 한 방울 젖지 않게 건사한다니! 어쩌면 인간만이 자연생태적 생존력을 상실해버렸는지 모른다.

그렇게 복잡해진 마음을 잘 추스른다면, 차례차례 등장하는 자연계의 '끝내주는 친구들'을 즐겁게 만날 수 있다. 특히 아이들이 어느 장면에서 놀라는지, 어느 부분을 가리키며 깔깔깔 웃음을 터뜨릴지 짚어보자.

3만 개나 되는 가시를 털갈이하듯 해마다 새것으로 바꾸는 '뾰족뾰족 고슴도치(호저)'가 낡은 가시를 울타리며 지붕이며 탁자 다리로 재활용하는 장면에서? 털에 이끼가 낄 정도로 굼뜬 '느릿느릿 나무늘보'가 한 주간에 한 번 나무에서 내려와 두루마리 화장지 쓰는 장면에서? 천적을 속이기 위해 자기 똥을 멀리 던지는 '똥포환 선수 애벌레'가 실력을 발휘하는 장면일 수도 있다. 【이상희】

옛이야기에 붓질하니 꼬까옷이 따로 없네

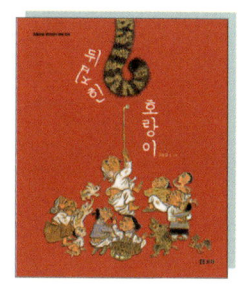

『뒤집힌 호랑이』 | 김용철 글·그림 | 보리

옛이야기의 '옛'은 오래된 이야기를 뜻한다. 그러나 오래된 이야기 모두가 옛이야기는 아니다. 사실 오래된 대부분의 이야기는 시간을 견디지 못하고 흩어져 버렸다. 따라서 지금 우리가 향유할 수 있는 옛이야기는 '오래된'의 의미와 '살아남은'의 의미를 함께 지닌다. 시간의 무게를 이겨낸 이야기야말로 옛이야기의 정체인 것이다. 그리고 그 무게를 이겨내게 만든 힘은 무엇보다 구비적 전통이다. 그런데 지금은 대대손손 이어져 내려오던 이야기의 아우라가 사라졌다.

그렇다고 옛이야기가 말끔히 종적을 감춘 것은 아니다. 그림책의 꼴로 새롭게 살아나고 있다. 사실 옛이야기는 그림책으로 넘나들기에 딱 알맞은 특성들을 공유하고 있다. 그림책에서 그림과 짝을 이루는 글로서의 옛이야기는 어떤 윤색도, 가감도 없이 그 자체만으로 그림책의 글로 손색이 없다. 묘사의 힘을 지닌 그림과 달리 옛이야기는 묘사를 배제한 단순화된 인물의 담백한 서사 진행이 주조를 이루고 있다. 더욱이 옛이야기의 서사는 조밀한 진전 대신 성큼성큼 내딛는 발걸음을 통해 순식간에 정점에 오르며 또 완벽하게 마무리된다. 옛이야기의 서사적 특성은 그림책의 글이 지녀야 할 미덕을 온전히 끌어안고 있는 셈이다.

김용철이 쓰고 그린 그림책 『뒤집힌 호랑이』는 이를 잘 보여준다. "옛날 옛날에 소금 장수가 살았어"로 시작하는 이야기는 산을 넘어가다 호랑이를 만나고, 그 뱃속으로 넘어가 버리고, 뱃속에서 주렁주렁 매달린 장기들을 떼어내 먼저 잡혀 온 사람들과 함께 구워 먹고, 그 바람에 호랑이는 죽고, 죽은 호랑이의 꼬리를 똥구멍 안으로 끌어당겨 호랑이를 발라당 뒤집어버려 모두 다시 살아났고, "소금 장수는 잘 먹고 잘살았다"로 끝난다. 속도감 있는 진행과 간명한 서

술로 16장의 화면 속에 더 넣을 것도 뺄 것도 없이 채우고 있다.

이야기에 깃든 황당무계한 해학을, 마음껏 구불구불 휘어진 선, 우리네 땅에서 얻어낸 황토색을 주조로 얻어낸 김용철 특유의 그림을 통해 한결 더 증폭시키고 있다. 표지에서는 이야기를 재연이라도 하듯 호랑이 꼬리를 담뱃대로 감으려고 엉거주춤 발돋움하는 소금 장수와 그것이 정말 가능하기나 한 것인지 눈을 반짝이며 듣는 손주, 워낙 많이 들어 더는 새로울 것도 없다는 듯 게슴츠레한 눈으로 턱을 괴고 팔짱을 끼고 있는 할멈과 아범이 있다. 책을 펼침과 동시에 지면은 앞질러 먹힌 여러 군상들의 실루엣이 호랑이 뱃속을 여기저기 헤매고 다니는 것으로 시작되며, 주인공 소금 장수의 등장과 함께 이야기는 다시금 화사하게 피어오른다.

이야기의 앞뒤에 펼쳐진 여백의 적절한 운용, 호랑이를 희화화하는 민화풍의 그림, 탈놀이에서 등장했음직한 입체감이 뚜렷한 인물

형상 등 이 그림책은 글이 불러일으키는 엽기적인 서사를 단박에 눙치고 활달하고 분방한 민중적 양상을 곳곳에 아로새겨 넣는다.

그런데 사실 이 멋진 그림책은 김용철이 쓰고 그린 것이 아니다. 그린 것은 맞지만, 적어도 쓴 것은 아니다. 얼마 전 작고하신 그의 어머니께 듣고 또 들은 이야기를 화가 김용철이 고스란히 담았기 때문이다. 어쩌면 김용철은 듣고 또 들어 귀에 못이 박힌 나머지, 이 이야기가 자신이 스스로 만들어낸 이야기가 아닌지 착각하고 있다. 그런데 사실 이 착각은 옛이야기의 또 다른 힘이다. 옛이야기는 이야기를 하는 지금·여기의 이야기꾼, 바로 그의 것이기도 하기 때문이다. 【김상욱】

그 남자의 해결책 정말 궁금해지네

『쉬이잇! 조용! 책 읽거든!』 | 코엔 반 비젠 글·그림 | 김경연 옮김 | 은나팔

비 오는 저녁, 한 남자가 책을 읽는다. 발치에 납작 엎드린 강아지는 심심해 죽겠나 본데, 검은 뿔테 안경을 코끝에 걸고 등받이 없는 의자에 아슬아슬 엉덩이를 걸친 이 남자, 책이 꽤 재미있는 듯 아예 책 속으로 들어갈 태세다.

통, 통, 통, 통. 이런, 옆집 아이가 공놀이를 시작했다. 남자는 공 튀는 소리가 신경 쓰인다. 벽을 탕탕 두들긴다. 무슨 뜻인지 알아들었는지 아이가 공놀이를 멈춘다. 남자는 다시 책을 읽는다. 그런데 이게 웬일? 랄랄라! 옆집 아이가 노래를 부른다. 남자는 슬슬 화가 난다. 다시 쿵쿵쿵! 벽을 두드린다. 아이가 노래를 멈춘다. 이젠 됐다 싶어서 책으로 시선을 돌리는데, 둥둥둥! 이번엔 북이다. 남자는 화가 치밀어 오른다. 쿵쿵쿵쿵! 다시 벽을 두드린다. 아이고, 책 읽기 참 힘들다.

『쉬이잇! 조용! 책 읽거든!』은 한국에 처음 소개되는 벨기에 작가 코엔 반 비젠이 쓰고 그렸다. 익살맞은 스토리와 감각적인 그림이 돋보이는 그림책이다. 화면 연출도 인상적이다. 이야기가 펼쳐지는 시공간은 앞뒤 면지에서 슬쩍 제시하고, 책을 읽으려는 남자와 방해하는 옆집 아이, 두 인물의 동작에 오롯이 집중하여 힘 있게 끌어간다. 아이는 왼쪽, 남자는 오른쪽. 책의 구조를 재치 있게 활용하여 특별한 장치 없이 깔끔하게 긴장감 넘치는 화면을 만들었다. 넘치는 것도 모자라는 것도 없다. 선 하나, 소품 하나, 강아지까지도 모두 톡톡히 제 몫을 한다.

책을 읽고 싶은 남자와 놀고 싶은 아이. 벽 너머에 있는 두 사람 사이를 오가는 것은 오로지 통통통, 쿵쿵쿵, 랄랄라, 팡팡팡 따위의 소음·소리뿐이다. 두 사람의 몸짓은 팬터마임을 보는 듯하고, 큼지막하게 그래픽 처리된 소리들은 둘 사이의 공간을 메우며 존

재감을 과시한다. 덕분에 이 책은 '난타'와 같은 비언어적 퍼포먼스, 강렬한 음향 효과를 곁들인 무언극을 연상시킨다. 아예 이 책을 토대로 공연을 해도 재미있겠다.

몸짓과 소리가 서사를 책임지니, 글은 양념을 치듯 분위기를 달군다. 그래서 그랬는지, 관찰자 시점으로 쓰인 원문을 한국어판에서는 책 읽는 남자의 일인칭 서술로 바꿨다. "쉬이잇! 조용! 옆집 아저씨가 책을 읽는다"가 "쉬이잇! 조용! 나 책 읽거든"으로, "소녀가 노래를 한다"가 "뭐 하는 거야? 노래 부르는 거야?"로 바뀌는 식이다. 창의적인 번역이라고 해야 할지, 고쳐 쓰기라고 해야 할지 잘 모르겠으나, 아무튼 좀 더 살갑고 익살맞고 공감하기 쉬워진 것만은 틀림없다.

벽을 두드리고, 귀를 틀어막고, 머리를 쥐어뜯고, 방 안을 맴돌며 분통을 터트려도 문제는 해결되지 않는다. 남자는 전략을 수정한다. 그리고 해결책을 찾아낸다. 모두를 만족시킬, 게다가 미봉책이

아닌 장기적이고도 근본적인 해결책을. 뭐냐고? 언제나 답은 책에 있다. 흐흐흐. 【최정선】

짜릿한 상상력으로 자유롭게

『달콤한 목욕』 | 김신화·김영애·김현군·박경덕·박순열·양준혁 글·그림 | 바람의아이들
『행복한 우산마을』 | 김동현·박지혜·송혜숙·전복남·최행주·하인섭 글·그림 | 바람의아이들

가물고 무더운 여름날, 마을에 물이 끊긴다. 모두들 양동이를 들고 나와 물을 받아 가는데, 그것도 모르고 신나게 축구만 하던 세 사람. 땀에 젖은 몸을 씻을 길이 없다. 이 사람들은 어떻게 했을까? 『달콤한 목욕』이라는 책 제목을 힌트로, 짐작해 보시기 바란다.

이 책과 『행복한 우산마을』은 홀트 일산 복지타운에 사는 장애인들이 만든 작품이다. 지적장애, 뇌성마비, 언어장애 등을 가진 20대에서 50대에 이르는 어른들이 모여서 이야기를 만들고 그림을 그려 책을 냈으며, 그 과정에서 다른 도움의 손길도 어우러졌다. 그러니까 이 책을 특별하게 봐줘야 한다고? 당연히 그렇다. 하지만 그런 배경이 아니더라도 보는 사람을 행복하고 달콤하게 만들어준다는 점

에서 이 책들은 특별하다.

목욕으로 돌아가 보자면, 세 사람은 냉장고에 가득 들어 있는 사이다를 욕조에 붓는다! 온몸이 짜릿짜릿 톡톡. 보글보글 희고 부드러운 거품으로 머리 감기. 환상적인 사이다 목욕의 즐거움이 이런 감각적인 표현들에 실려 생생하게 펼쳐진다. 의미, 교훈, 예술적 성취 따위의 목표에 눌리지 않은 자유롭고 거침없는 글과 그림에 마음은 물론 몸까지 가볍게 하늘로 날아오르는 것 같다.

그러나 거기서 끝이 아니다. 이 책은 감각을 환히 일깨울 뿐 아니라 감탄스러울 정도로 정교한 이야기의 구성과 다채롭고 창의적인 모티프들을 보여준다. 목욕은 잘 했지만, 몸에 남은 사이다의 끈적거림은 어떡한다? 한 사람은 물도 없는 수영장에 뛰어들었다 쩌당 엉덩방아를 찧고, 또 하나는 휴지로 닦아보려다 미라 꼴이 돼버린다. '끝까지 버틴 마지막 사람'은? 잠깐 잠든 사이에 달콤한 사이다

를 무척 좋아하는 '동네 개들의 사랑'을 받았단다. 게다가 남은 사이다를 하늘의 해가 마신 뒤 그날 밤에는 시원한 비가 내렸다고!

『행복한 우산마을』 사람들은 '매일매일 우산이 꼭 필요'하다. 이 우산을 가져다주는 건 강아지 복실이. 그런데 복실이가 몸살이 나서 우산 나르기를 할 수가 없어진다. 사람들에게 우산이 필요한 이유, 복실이를 대하는 태도, 우산이 없어지자 벌어지는 소동들이 각양각색이다. 그리고 결과는? 문제를 해결하려는 과정에서 사람들은 모이고, 함께 저녁을 먹으며 매일매일을 잔치처럼 보내고, 그래서 우산은 더 이상 필요 없어졌단다. 어린이 책에 으레 적용되는 해피엔딩이지만, 그것이 누구보다 절실했을 사람들이 이토록 무람없이 밝고 환한 판타지로 풀어내고 있다는 것이 뭉클하다.【김서정】

코끼리 아저씨의 상아가 안쓰러워

『코끼리 아저씨와 100개의 물방울』 | 노인경 글·그림 | 문학동네어린이

왠지 코끼리는 안쓰럽다. 자신에게 맞지 않는 시공간에 놓인 듯 어색하고 불편해 보인다. 움직이는 화석 같은, 아득한 고대를 연상시키는 이 거대한 몸집의 동물은 부박한 세상, 잔망스러운 인간들을 간신히 참아내며 사는 것 같다.

우연히 코끼리와 하마가 팽팽하게 맞선 사진을 보았다. 하마는 입을 한껏 벌려 으르렁거리고, 코끼리는 코를 말아 올려 날카로운 엄니를 드러냈다. 잊고 있었다. 밀렵꾼들이 탐내는 코끼리의 엄니, 아름다운 조각품과 장신구를 만드는 상아가 강력한 무기라는 사실을. 날카로운 창처럼 동물도 사람도 가차 없이 꿰뚫을 수 있다는 것을.

그림책 『코끼리 아저씨와 100개의 물방울』은 코끼리의 모습을 빌려 모두가 공감할 만한 우리 시대의 아빠를 그렸다. 잘난 것도 없고

특별할 것도 없는, 그러나 가족을 지키려고 날마다 종종걸음을 치는 아빠들 말이다.

가뭄이 들자 코끼리 아저씨는 먼 곳으로 물을 길러 간다. 몰려든 코끼리들로 발 디딜 틈 없는 물가에서 간신히 물 한 동이를 길었다. 이제 아이들이 기다리는 집으로 돌아갈 차례다. 물동이를 머리에 이고, 탈탈거리는 가냘픈 자전거에 육중한 몸을 싣고 달린다. 코끼리 아저씨의 여정은 파란만장한 한 편의 로드무비다. 집은 멀고, 태양은 이글거리고, 길은 울퉁불퉁하고, 밤길은 무섭다. 벌떼에게 쫓기고, 뱀에게 위협받아도 걸음을 멈출 수는 없다.

가는 동안 물은 점점 줄어든다. 햇볕에 증발하고, 바람에 날아가고, 쏟고, 흘리고, 도둑맞고, 모른 척 지나칠 수 없어 나누어주다 보니 어느새 바닥이 드러난 것이다. 물 한 방울 남지 않은 물동이를 더듬으며, 애타게 기다릴 아이들을 생각하며, 막막하기만 한 코끼리 아저씨는 결국 눈물을 쏟는다.

이 그림책의 가장 큰 매력은 감각적인 간결함에 있다. 누구나 공

감할 만한 캐릭터와 호소력 있는 이야기가 경쾌하게, 맵시 있게 전개된다. 글은 프롤로그만으로도 충분하고, 시원스러운 여백과 때로는 과감하고 때로는 망설이는 가느다란 검정색 선, 그리고 파란 물방울이 캐릭터와 사건과 정서를 온전히 드러낸다. 흘러내린 머리카락 서너 가닥만으로도 소심하고 고단한 소시민 아빠가 완성된다. 동이의 물을 100개의 물방울로 수치화하고 픽셀을 이용해 배경을 꾸민 것은 디지털 시대에 썩 어울리는 세련된 전략이다.

  겁 많고 요령 없고 마음 약한, 그러나 남에게 해를 끼치지 않고 성실하게 노력하는 코끼리 아저씨. 이 코끼리 아저씨의 세상에는 절망한 이가 눈물 흘릴 때 기꺼이 감응하는, 같이 눈물을 흘려주는 하늘이 있다. 그러나 우리가 사는 세상에서라면 코끼리 아저씨도 감춰둔 엄니를 드러낼 수밖에 없겠지. 문득 그런 생각이 들었다. 이렇게 사랑스러운 그림책을 보면서.【최정선】

내 발은 왜 이렇게 큰 거야?

『내가 영웅이라고?』| 존 블레이크 글 | 악셀 셰플러 그림 | 서애경 옮김 | 사계절

데일리 비라는 이름의 토끼 한 마리가 멍한 표정으로, 손가락 하나를 입에 넣고 서 있다. 이 녀석은 자기가 누구인지를 모른다.

"나 원숭이야?"

"나 코알라야?"

"나 산미치광이야?"

질문은 이어진다. 데일리 비는 자기가 어디 살아야 할지도 모르고(나 동굴에서 살아야 해? 나 둥지에서 살아야 해? 나 거미줄에서 살아야 해?), 무엇을 먹어야 할지도 모른다(나 물고기 먹어야 해? 나 감자 먹어야 해? 나 벌레 먹어야 해?).

새를 따라 나무 위에서 살다가, 다람쥐 흉내 내며 도토리를 먹기도 하는 데일리 비. 녀석의 의문 중에서도 가장 큰 의문은 "도대체

자기 발이 왜 이렇게 큰가?"이다. 수상스키 타기 좋으라고? 생쥐 걸 터앉기 좋으라고? 우산 대신 쓰기 좋으라고?

이렇게 아무것도 모르는 데일리 비는, 다른 토끼들이 이름만 듣고도 도망가는 재지 디가 누구인지도 모른다. 날카로운 이빨을 드러내며 다가오는 재지 디에게 데일리 비의 질문이 쏟아진다.

"너 누구야? 너 어디서 사니? 너 뭐 먹니?"

"너 같은 토끼를 먹지!"

재지 디 앞에서 데일리 비는 울상이 된다.

"내가…… 토끼야?"

그리고 달려드는 족제비에게, 본능적으로 휘둘러지는 그 엄청 커다란 발! 된통 걷어차인 족제비는 휘익 날아 자기가 왔던 곳으로 되돌아간다. 기쁨에 날뛰며 "넌 영웅이야!"를 외치는 다른 토끼들 앞에서 데일리 비는 다시 울상이 된다.

"어, 내가 영웅이야? 난 토끼인 줄 알았는데……."

다시 녀석은 멍한 표정으로 손가락 하나를 입에 넣고 서 있다.

이 그림책은, 아주 재미있다. 우선 천연덕스러운 그림과 통통 튀는 글이 그렇다. 거미줄에 붙은 토끼 같은 유머러스한 장면들도 그렇다. 이 천연덕스러운 유머 덕분에 나중에는 평범한 모둠 과일 그림까지도 뭔지 우스워 보인다. 세 번씩 되풀이되는 문장과 에피소드들은 경쾌한 리듬감을 준다. 무엇보다도, 천진하거나 어리둥절하거나 우울하거나 당혹스러워 보이는 데일리 비의 표정이 압권이다.

이 그림책의 교훈은 자기 정체성 찾기의 중요성이다. 그것은 끝없는 질문을 통해 이루어져야 한다. 부모나 교사에게서 내려오는 답이 아니라 나 자신이 쉴 새 없이 세워보는 이런저런 가설을 통해서. 그러니 얘들아, 스스로 질문하고 스스로 답해보아라, 하고 말하는 것 같다.

데일리 비가 천적 족제비 덕분에 자신의 정체성을 확인하는 대목도 교훈적이다. 무시무시하게 위협적이지만 번개처럼 자신을 일깨워주고, 그런 뒤 완벽하게 제압당해 주는 적은 우리 인생에 꼭 필요한 존재다. 그러니 얘들아, 적과 맞닥뜨리는 것을 두려워하지 마라, 하고 이 책은 말하는 것 같다.【김서정】

누르면 별세상이 열린다

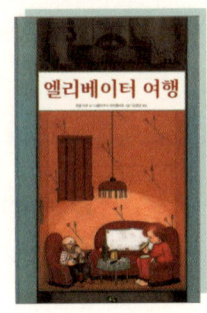

『엘리베이터 여행』| 파울 마르 글 | 니콜라우스 하이델바흐 그림 | 김경연 옮김 | 풀빛

    삶의 공간이 바뀌면 상상의 공간도 바뀐다. 소꿉놀이하기 좋은 볕 잘 드는 마당, 뿌연 먼지와 곰팡내와 온갖 잡동사니가 왈칵 쏟아지는 어둑한 다락이 한 세대 전 아이들의 무대였다면, 요즘 아이들에게 익숙한 무대는 아무래도 아파트일 것이다.
    하늘을 향해 차곡차곡 탑처럼 쌓아 올린 직육면체의 집, 그 집에 이르는 길은 가파르다 못해 수직이다. 하늘에서 내려준 동아줄 대신 우리는 허공에 매달린 작은 상자에 몸을 싣고 하루에도 몇 차례씩 위로 아래로 오르내린다. 그림책 『엘리베이터 여행』은 지상의 우리를 공중의 집으로 길어 올리는 바로 그 금속 두레박, 엘리베이터를 무대로 익살스러운 판타지를 펼쳐 보인다.
    빨간 머리 로자는 아파트 맨 꼭대기 8층에 산다. 학교에 갈 때도 집으로 돌아올 때도 로자는 엘리베이터를 탄다. 거울이 있고 전등이 있고 층을 표시하는 버튼이 있는, 어디서나 볼 수 있는 엘리베이터다. 엄마 아빠가 야간 강의를 들으러 간 목요일 밤, 집에 혼자 남아 잠을 청하던 로자는 엘리베이터 소리에 현관문을 연다. 엘리베이터 문이 활짝 열린 채 멈춰 있다. 이상하다. 뭔가 이상하다. 엘리베이터 안이 샹들리에가 달린 아늑한 거실이다. 폭신해 보이는 빨간 소파에는 부루퉁한 얼굴의 작은 남자가 앉아 있다.

"드디어 왔구나."

남자는 로자에게 버튼을 누르라고 하며 주문을 외운다.

"버튼을 꾹 누르면 슈웅, 떠나는 거야! 하지만 잘 골라야 해. U는 절대로 누르면 안 돼!"

'U'는 지하층을 가리키는 버튼이다. 로자는 '7'을 누른다. 이렇게 시작된 엘리베이터 여행은 흥미진진하다. '7'을 누르면 7층 대신 일곱 마리 아기 염소가 일곱 개의 도장이 찍힌 책 위를 팔짝팔짝 뛰어넘고 일곱 마리 까마귀가 일곱 개의 산 너머로 날아가는, 모든 것이 7로 이루어진 세상이 나온다. '3'을 누르면 세쌍둥이가 트라이앵글을 들고 세발자전거를 타고 동방박사 셋이 혹 세 개 달린 낙타를 타고 지나가는, 모든 것이 3으로 이루어진 세상이다.

흔히 그림 동화라고 부르는 유럽의 민담을 재기발랄하게 채용했다. 지적 유희를 즐기는 유럽 그림책 특유의 매력이 돋보인다. 정교하고 세련된 짜임새, 형식의 재미를 한껏 살린 정갈한 그림, 천연덕스러운 유머 모두 매력적이지만, 가장 눈길을 끄는 것은 시종일관 무덤덤한 표정의 주인공이다.

빨간 모자가 아닌 빨간 머리 로자는 낯선 세계의 초대에 선뜻 응한다. 그 세계의 규칙을 이해하는 통찰력과 그 세계를 즐길 줄 아는 배짱을 고루 갖췄다. 누구에게도 휘둘리지 않고, 스스로 생각하고 판단하며, 때맞춰 현실 세계로 돌아올 줄도 안다. 한마디로 제대로 놀 줄 아는 아이다. 로자는 민담 속 주인공을 많이 닮았다. 때가 되면 망설임 없이 세상 구경을 하러 집을 떠나고, 거인과 대결할 때도 주눅 들지 않는 작고 꾀바른 이들 말이다.

엘리베이터 문이 열린다. 버튼을 꾹 누르면 슈웅 떠나는 거다. 어디 잘 골라보자.【최정선】

지도 타고 떠나는 기차 여행

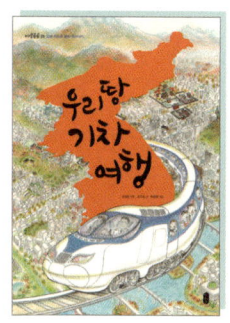

『우리 땅 기차 여행』 | 조지욱 글 | 한태희 그림 | 책읽는곰

나는 지도 보는 것을 좋아한다. 예전에는 지도책을 골똘히 들여다보며 길을 찾아가는 드라이브가 큰 즐거움이었다. 내비게이션을 갖춘 지금은, 편하기는 하지만 이런 즐거움과 성취감을 잃어버린 게 아쉽다. 내비게이션 떼면 되지 않느냐고? 그러면 속도위반 벌금과 벌점이 심각한 문제가 된다.

그 대신 들여다보며 즐거워할 그림책을 발견했다.『우리 땅 기차 여행』. 지도 그림책은 드물지 않게 나오지만 우리 땅 전반을 이렇게 포괄적으로 꼼꼼하게 담아낸 그림책은, 내 기억에는 없는 것 같다. 서울을 출발해서 광주까지 호남선 경로, 광주에서 부산까지 경전선 경로, 부산에서 정동진까지 동해남부선과 중앙선과 영동선 경로가 한반도 아래쪽 가장자리 해안을 착실하게 훑어간다. 그러면서 안쪽

내륙도 빼먹지 않고 보여주니 그림책 버전 대한민국 여행전도라고 해도 될 듯하다. 시원스럽게 커다란 판형, (산들의 제각각 높이까지 차별적으로 실감나게 구현하려 노력한) 입체적인 그림, 깨알 같은 정보와 아랫단에 릴레이로 펼쳐지는 세 팀의 기차 여행기 등등이 지도 그림책다운 아기자기한 재미를 준다.

"지도가 닳도록 들여다보며" 만들었다는 기획자와 "눈이 빠지는 줄 알았다"는 일러스트레이터의 말이 으레 하는 엄살로만 들리지는 않으니, 독자로서 그에 상당하는 성의를 보여야 할 것 같아 그림을 하나하나 뜯어본다. '국민학교' 시절 전라도 광주에서 상경해 오래 살았던 삼선교, 그 동네 뒷산이었던 낙산이 한눈에 보인다. 이 뒤 어디쯤에 지금은 성곽 둘레길 조성으로 없어진 옛날 우리 집이 있었

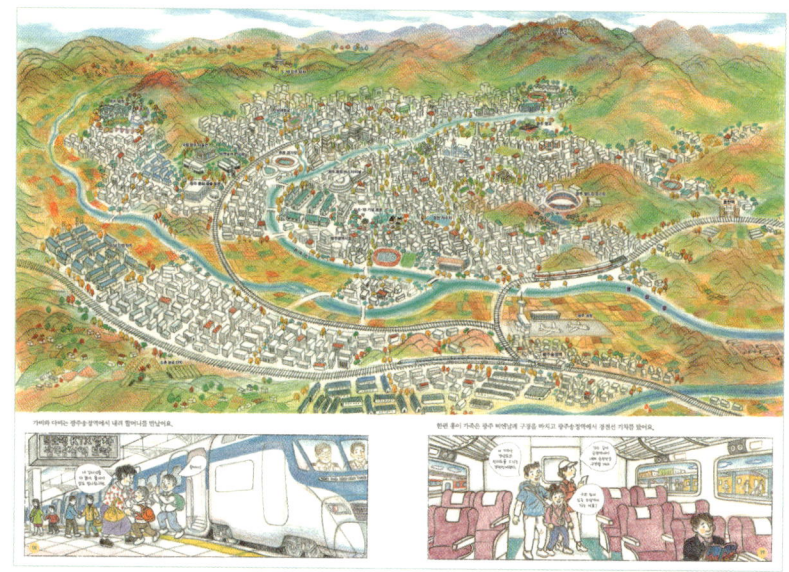

겠구나. 직업 군인이었던 아버지와 방학을 함께 보내기 위해 광주에서 강원도 원통으로 가던 온 가족의 기나긴 여행길도 마음속에 따끈하게 되살아난다. 밤기차로 떠나 새벽에 돌아오는 여행 아니면 여행 같지도 않게 여겼던 대학 시절, 아름다운 바다 풍경에 대한 감탄에 허기도 늘 따라다녔던 한려해상국립공원의 여정으로도 기억은 옮아간다. 어라, 이 책이 아이들에게는 새롭게 알아갈 우리 땅에 대한 정보와 흥미를 줄 수 있겠지만, 이 어른에게는 이렇게 오래된 사진첩과 일기 노릇도 해주는구나.

그러고 보니 지도를 본다는 일의 의미가 새삼스러워진다. 그것은 내가 어디에 있는지 뿐만 아니라 어디에 있었는지, 어디로 갈 것인지 혹은 가고 싶은지도 일깨워준다. 장소뿐만 아니라 시간에 대한 감각도 벼리어준다. 과거의 추억과 미래의 희망이 버무려져 지금의 나를, 지금 이 순간만은 제법 그득하게 채워주는 것 같다.

'기차 여행'이라는 모티브가 따라오지 않았다면 이 지도책이 이런 감상을 불러오지는 못했겠지. 손님 적어 적자 난다고 노선 폐지하는 일이 부디 없으면 좋겠다. 나라 구석구석 기찻길을 따라 흐르는 게 돈만은 아니지 않은가.【김서정】

'경마장 가는 길' 세상이 달리 보이네

『달려 토토』 | 조은영 글·그림 | 보림

일인칭 시점의 글을 읽으면 일기장을 엿보는 기분이 든다. 다른 사람의 속내를 알아냈다는 생각도 든다. 무심코 그렇게 믿는다. 화자가 어린이라면 더욱 그렇다. 한 아이가 말한다. 자기가 가장 좋아하는 인형은 토토이고, 한 번도 말을 본 적은 없지만 말이 좋다고. 말이 좋아서 말 인형 토토를 좋아하는지, 인형이 좋아서 말이 좋은지 알 수 없는 그 아이가 할아버지를 따라 경마장에 갔다.

『달려 토토』의 첫 장면은 지하철역 앞에서 할아버지의 옷자락을 잡고 환하게 웃는 아이다. 아이는 '진짜 말'을 보게 되어 설렌다고 말한다. 그러나 펼쳐지는 그림은 개미떼처럼 새카맣게 모여든 사람들이다. 마르고, 뚱뚱하고, 크고, 작고, 젊고, 늙고, 남자고, 혹은 여자인 이들이 쪼그려 앉고, 퍼질러 앉고, 꼿꼿이 서고, 삐딱하게 서고,

 뒷짐을 지고, 모자를 쓰고, 안경을 쓰고, 담배를 물고, 하품을 하고, 뭔가를 보고, 뭔가를 쓰고, 뭔가를 고민하고, 또 멍하니 있다.
 그림은 집요하게 꼼꼼하고 손에 잡힐 듯 사실적이다. 생김도, 차림도, 동작도 다 다른, 수십 명의 인물들은 하나같이 퉁명스럽고 지치고 찌들어 보인다. 아이의 눈이 포착한 경마장 풍경이다. 그렇다. 그림책은 문자 언어와 시각 언어, 두 개의 언어로 동시에 이야기한다. 때로는 한목소리로, 때로는 이렇게 서로 다른 목소리로.
 경주마가 등장한다. 아이를 매혹시키는 말과 기수는 인형 같기도 하고 서커스 광대 같기도 하다. 멋있고 흥미롭지만 어딘지 모르게 비현실적이다. 경주는 폭죽처럼 화려하고 강렬하다. 달리는 말들은 역동적이다 못해 투견처럼 공격적이고 거칠어 보인다. 화면 가득한 검정과 빨강, 초록의 짙은 색감에 호흡이 빨라진다.

어느새 사람들은 표정을 읽기 어려운 검은 실루엣의 군상들로 바뀌었다. 경주가 끝난 뒤에는 낙서처럼 일그러진 우스꽝스러운 얼굴들로 동그마니 남았다가, 견고하던 선들이 힘없이 풀어지며 형태조차 허물어진다. 재료에도 기법에도 스타일에도 얽매이지 않는다. 바라보는 이의 생각과 감정이 이토록 가차 없고 공공연하다니!

『달려 토토』는 근래 보기 드문 도발적인 그림책이다. 글은 순진함을 가장하며 어깃장을 놓고, 그림은 기민하고 집요하게 상대를 쫓는다. 언뜻 분방해 보이는 그림은 냉철한 시선에 포획되어 드러난 이 시대의 맨얼굴이다. 위태로울 정도로 감각적이고 다양한 스타일은 과감한 레이아웃과 어우러지며 스타일 자체가 메시지를 가장 강력

하게 전달하는 효과적인 도구가 되었다.

  이 책의 미학적 성취는 놀랍다. 그래서 더욱 불편하다. 어린 손녀를 동물원도 미술관도 아닌, 하필 경마장에 데려간 할아버지 때문이 아니다. 경마장의 그들이 우리고, 우리가 사는 이곳이 바로 경마장이라는 사실을 잊을 수 없기 때문이다.

  아이는 경마장이 지겨워졌다고 말한다. 아이는 이제 웃지 않는다. 우리는 지금 경마장에 있다. 아이들이 우리를 본다. 연민 없는 말간 눈으로.【최정선】

이렇게 아이는 파도와 논다

『파도야 놀자』 | 이수지 글·그림 | 비룡소

아이들의 성장은 눈부시다. 매일 눈을 마주치는 부모야 알 리 없지만, 어쩌다 만난 조카들을 보면 때로는 그 아이가 맞나 의아할 지경이다. 이 눈부신 성장을 위해 필요한 것은 안정적인 양육 환경, 꼭 필요한 먹을거리 등일 것이다. 그러나 아이들은 몸만 성장하는 것이 아니다. 몸에 깃든 마음 또한 무럭무럭 자라야 함은 물론이다. 그렇다면 이 마음의 성장에 필요한 자양분은 무엇일까? 무어라 해도 경험을 가장 첫손가락으로 꼽을 수밖에 없다.

경험이야말로 세상과 맞서고 세상을 이해하고 끌어안는 바탕을 이룬다. 그리고 영유아들에게 경험은 전적으로 놀이 속에서 이루어진다. 놀이는 아이들 세상의 전부라 해도 과언이 아니다. 아이들은 놀면서 자라고, 놀면서 자연과 세상을 만나며, 놀면서 또래와 소통

한다. 놀이가 없는 아이들의 삶이란 빛이 없는 나무의 삶과 진배없다. 그럼에도 우리의 아이들은 충분히 흡족하게 놀고 있는지?

다행스러운 것은 그나마 어른들이 아이들에게 놀 시간을, 공간을 주지 않더라도 아이들은 논다는 것이다. 무엇이든 놀이로 만들어 세상을 자신의 품 안으로 끌어들인다. 이수지의 그림책 속 아이들도 다르지 않다. 『동물원』에서, 『검은 새』와 함께, '파도'와 '거울'과 '그림자'와 논다. 그의 모든 그림책은 놀이하는 아이들이 주인공이다.

이 가운데 『파도야 놀자』, 『그림자놀이』, 『거울 속으로』를 이른바 이수지의 '경계 3부작'이라 지칭한다. 좌우의 화면, 위아래 화면의 분할을 통해 경계를 설정하고, 그 경계를 조심스럽게 마침내 거침없이 넘어서고, 다시 처음의 자리로 되돌아와 놀이를 완료한 아이를 담아낸다. 한 뼘은 자란 아이로. 경계를 넘어서는 놀이야말로 이수지 그림책의 특성인 셈이다. 그럼에도 그 가운데 가장 편안히 마주할 수 있는 작품은 『파도야 놀자』일 것이다.

자아를 투영해보는 그림자나 거울에 비해 파도는 한결 즉물적이고 객관적이다. 따라서 그 관계나 소통은 내밀한 심리에 바탕을 두기보다 활달한 행위를 연상케 한다. 아마도 3부작의 첫 번째 작품이

기에 그림책의 문법에 한층 더 근접해 있는 것으로 보인다. 책의 표지는 아이의 뒷모습과 함께 파도치는 바다를 보여준다. 아주 밝은 푸른 색감의 바다와 하얗게 부서지는 포말들, 그 가운데에 굵은 목탄으로 외곽선과 형태가 자유분방하게 묘사된 아이가 있다. 그림책의 앵글은 작품 전반에 걸쳐 파도와 대면하기 전까지 뒤에서, 앞에서, 멀리서, 적절한 거리 속에 고정되어 마침내 앞모습으로 완결된다. 그리고 중심적인 화면은 가로가 긴 판형 속에 분할되어 있다. 흰 여백 속 목탄으로 표현된 아이와 석판화의 효과를 충분히 담아내고 있는 듯한 역동적인 출렁거림의 파도로 이루어져 있다.

서사는 아주 단순하고 명쾌하다. 엄마와 함께 바닷가에 간 아이는 파도를 보자 냉큼 달려간다. 그러나 도도하게 밀려오는 파도는 쉽게 곁을 주지 않는다. 아이는 뒤로 돌아 주춤거리며 달아난다. 함께 아이의 편에 있는 새들 역시 종종거리며 뒤돌아선다. 아이는 다시 파도와 맞서고, 마침내 자신의 두려움을 떨어버리며, 파도와 하나가 되어 논다. 뒷면지의 조가비들은 그 놀이의 전리품일 것이다. 이 그림책은 그림책의 이야기 문법에 가장 완벽하게 조응한다. 글 없는 그림책은 그림이 들려주는 이야기를 돋을새김하며, 판형·면지·

선·색·형태 어느 하나 넘치거나 부족하지 않은 채 짜여 있다.

어쩌면 이 그림책의 흠결은 지나친 형식적 완결성에 있는 것이 아닌가 싶다. 틀에 맞춤한 나머지 파격이나 변형, 개성을 분방하게 표현해내지 못했다. 이수지의 개성은 충분히 발현되었으나, 『파도야 놀자』라는 개별 작품의 개성이 표출되지 못한 것이다. 그럼에도 우리는 우리네 어린 시절의 놀이 한 자락을 명료하게 포착한 이 그림책으로 말미암아, 파도를 두려움이 아닌, 놀이의 대상으로 치환하는 견고한 이미지를 하나 얻는다. 새삼 아이들 성정의 본질이 놀이이며, 놀이는 성장의 방향을 결정하는 빛임을 생각케 한다.【김상욱】

낙원섬에서 별일 없이 산다

『낙원섬에서 생긴 일』 | 찰스 키핑 글·그림 | 서애경 옮김 | 사계절

얼마 전 우연히 연결된 초등학교 동창들의 이름이 휴대전화에서 쏟아지고 있다. 그때 그 시절 복도 마루를 우르르 내달리며 우당탕거리던 소리와 함께 까맣게 잊었던 40여 년 전 얼굴들이, 이름을 부를 때마다 눈앞에 떠오르는 경험이라니! 그 얼굴들이 고무줄놀이와 관련되어 떠오르는 것도 어이없이 놀랍다. 함께 열렬히 고무줄놀이를 하던 아이, 슬금슬금 다가와 고무줄을 끊고 달아나던 아이, 큰형 큰언니처럼 고무줄 끊는 아이들을 말리고 타이르던 아이, 누가 고무줄놀이를 훼방 놓았으며 누구를 울렸다고 선생님께 이르던 아이……. 뒤이어 떠오르는 그 시절 그 운동장, 그 복도와 교실이 기묘한 그리움을 불러일으킨다. 현기증과 두통에 시달리며 합창부의 혹독한 연습을 견디느라 쩔쩔매던 기억, 비실비실 주의력 산만했던 탓

에 걸핏하면 고적대 피리 따위를 떨어뜨리고 새로 장만하느라 어머니를 괴롭힌 기억, 서로 오해하고 오해받고 토라졌다가 다시 위로하며 웃던 기억들…….

찰스 키핑의 『낙원섬에서 생긴 일』은 초등학교 5, 6학년생쯤 되는 애덤이 살고 있는 낙원섬을 배경으로 펼쳐진다. 공장지대 소도시 한가운데를 흐르는 샛강의 중간에 있는 이 작은 섬이 '낙원'일 리 없지만, 애덤에게는 더없이 익숙한 길이자 풍경이며 낯익은 이웃이 있는 다정한 공간이다. 애덤이 진정한 낙원으로 여기는 장소와 시간은, 조랑말과 염소와 닭을 키우고 사는 바르다 할아버지의 마차 집이 있는 습지이며, 그 건너편 허물어져 가는 잔교에 묶어놓은 배에서 지내는 벌리 할머니와 함께 두 노인이 이야기보따리를 풀어놓는 시간이다.

그러던 어느 날 시의원들이 낙원섬을 가로지르는 유료 고속도로를 만들기로 결정한다. 교통 흐름을 위해서나 시 재정을 위해서나 아주 좋은 일이라며 발빠르게 계획을 세운다. 그리고 일사천리, 오래된 가게와 창고를 사들인 다음 주인들에게 새집을 마련해주겠다 약속하고 불도저로 싹싹 밀어내기 시작한다. 애덤의 낙원과 할아버지·할머니·친구들의 거처가 사라질 위기다. 다행히 습지가 건물 터로 적당치 않기 때문에 무산된다. 애덤을 위로하면서, 바르다 할아버지와 벌리 할머니는 아이들을 위해 세운 멋진 계획을 알려준다.

"습지를 놀이터로 만들자!"

이제 아이들과 노인들은 철거지에서 버려진 목재와 벽돌을 모으기 시작하고, 바르다 할아버지의 짐수레에 실어 습지로 옮긴다. 찰스 키핑의 그림책들에 등장하는 여느 아이들처럼 입을 앙다문 채 웃지 않는 아이들과 할머니·할아버지·친구들이 줄지은 이 결연한 행렬도는 묘하게 아름답다. 판화 위에 다시 그림을 그리는 찰스 키핑의 공들인 작품 덕분일 것이다.

찰스 키핑은 전체 이야기의 중간 지점에 이 폐자재 나르기 행렬을 설정했다. 그리고 이후에 전개되는 두 가지 사건, 즉 낙원섬이 콘크리트 무덤이 되는 개발 상황과 아이들이 습지에 건설하는 낙원을 나란히 펼쳐 보인다. 곤궁하면서도 풍요롭고, 유치하고도 순정한, 성공과 실패가 무화된 채 떠오르는 유년의 기억처럼.【이상희】

가족이란, 휴가란 이런 것이다

『여름휴가』| 장영복 글 | 이혜리 그림 | 국민서관

더위는 수그러들 기미가 없으나 어느새 개학이다. 막바지 여름휴가를 떠나는 이들의 발걸음이 바쁘다. 휴가철에는 언제나 크고 작은 소동이 벌어진다. 휴가를 가네 못 가네, 날짜를 바꾸느라 법석을 떨고, 산으로 가자 바다로 가자 설전도 오간다. 막상 집을 나서면 길은 막히고, 물가는 비싸고, 고르고 고른 숙소는 마음에 안 들고, 어디를 가도 인산인해 전쟁터가 따로 없다. 겨우 자리 잡고 놀아보려면 집에 갈 시간이다. 제대로 놀지도 못했다고, 피곤하기만 하다고, 집 떠나면 고생이라고 투덜거리면서 우리는 또 휴가를 간다. 바로 그 모든 일을 함께하려고.

장영복이 쓰고 이혜리가 그린 그림책 『여름휴가』는 한마디로 코끼리 가족의 여름휴가 소동 전말기다. 1년에 딱 한 번뿐인 동물원의

휴일, 날마다 분수 쇼를 하느라 고단한 아빠 코끼리는 쿨쿨 잠만 자고, 휴일이 오기만 손꼽아 기다린 아기 코끼리들은 애가 탄다. 이웃집 펭귄이랑 얼룩말은 한껏 으스대며 해수욕장으로 떠났는데, 아빠는 집을 통째로 날리려는지 콧바람만 불어대며 코골이 삼매경이니. 드르렁 푸우, 드르렁 푸우 푸우! 결국 일이 벌어진다. 아빠 코끼리의 콧바람에 아기 코끼리, 엄마 코끼리가 날아가 버렸다. 어디로? 꿈에 그리던 해수욕장으로.

힘이 잔뜩 들어가서 벌렁거리는 콧구멍을 보자니 웃음이 절로 난다. 눈물겨운 가족 상봉도 콧바람 덕이다. 들숨이 있어야 날숨이 있다는 이치를 되새기며 웃는다. 하늘로 날아오르고 떨어지는 움직임은 사선과 부채꼴 구도를 교묘하게 이용해 연속 동작으로 표현했다. 긴장감을 높이면서 공간 이동이라는 과제 또한 무리 없이 해치운다.

부채꼴 구도는 앞뒤 면지의 푸른 물줄기와 어우러지며 책 전체에 리듬과 활기도 불어넣는다.

유쾌한 이야기 밑에 깔린 정서는 애틋함이다. 우리 시대의 가족과 일상을 바라보는 작가의 눈길이 따뜻하고 깊다. 화가 특유의 익살스러운 캐릭터, 살아 있는 표정과 유머 감각은 언제 보아도 즐겁다. 아빠 코끼리의 우아한 공중제비와 덥다고 털 벗은 치타의 패션 감각에 배꼽을 잡았다. 푸른 바닷물 속에서 뒤엉켜 장난치는 코끼리들의 모습은 또 어찌나 신나고 시원한지. 펜화와 수채화, 콜라주의 조합도 성공적이다.

별이 가득한 밤하늘 아래 나란히 기대앉은 코끼리 가족의 뒷모습은 오래도록 잊히지 않을 것 같다. 크기만 다를 뿐 서로 꼭 닮은 투실투실한 엉덩이와 등짝 넷이 화면을 꽉 채운다. 별들은 누가누가 더 빛나나 내기라도 하듯 반짝이고, 코끼리 가족의 넉넉한 몸에는 음악이 흐른다. 글은 한 줄로 족하다.

"행복한 여름휴가였어요."

함께 나눈 시간은 몸과 마음에 깊이 새겨졌다. 가족이란, 휴가란 이런 것이다.【최정선】

상상 속에선 외롭지 않아

『천하무적 고무동력기』| 김동수·박혜준 글·그림 | 보림

　그림책의 주요한 독자는 영·유아다. 글자를 깨치기 전 단계의 영·유아에게 엄마나 아빠가 들려주는, 그림을 곁들인 이야기가 그림책의 전형적인 향유 방식이다. 그러나 이 일반적인 속성으로 그림책의 역동적인 특성을 제한할 수는 없다. 예술 작품에서 일반적인 규정이란 언제나 넘어서기 위해 존재하는 것이지, 테두리 안에 갇히기 위해 존재하는 것이 아니기 때문이다. 따라서 그림책은 낱자를 모두 깨치고 난 다음의 어린이들에게도 여전히 썩 그럴듯한 이야기 장르로 손색이 없다.

　김동수와 박혜준의 『천하무적 고무동력기』의 주인공 또한 영·유아가 아닌 초등학생이다. 만화적인 인물 형상 속에 그려진 주인공은 두꺼운 안경과 커다란 바가지 머리, 상대적으로 왜소한 몸을 지니고 있다. 처음 본문을 펼치는 순간 등장하는 인물의 검게 채색된 뒷모습은 뒤죽박죽인 머릿속만큼이나 어두운 형상으로 표현되어 있다. 엄마가 없는 줄 뻔히 알면서도 아이는 초인종을 눌러보고, 누구도 기다리지 않는 아파트를 열고 들어선다. 더욱이 아이는 당장 '고무동력기'를 만들어야 하는 상황이다. 늦게 들어올지도 모를 엄마를 마냥 기다릴 수도 없다. 아이는 이렇게 저렇게 설명서에 따라 독백의 어투로 나직나직 읊조리며 혼자 동력기를 만들어간다. 그러고는 자신만의 상상 속 세계에서 고무동력기와 함께 논다. 작가는, 흰 여백에 쓱쓱 한 번의 붓질로 형태를 잡고 콜라주와 만화풍의 아기자기한 그림은 물론이고 고무로 찍어낸 듯한 인물 형상 등을 통해 아이의 상상 세계를 오밀조밀하게 포착해낸다. 더욱이 아이의 상상은 꼬리따기 노래처럼 꼬리에서 꼬리를 물고 이어지고, 아기 코끼리와 노는 엄마 코끼리를 통해 현실로 되돌아오는 액자 구조를 취함으로써

형식적인 이야기의 완결성을 획득하고 있다.

"엄마 빨리 오시면 좋겠다. 할 이야기 진짜 많은데"로 끝나는 글의 서사는 혼자 집을 지키는 우리네 아이들의 일상이 외로움과 그리움으로 가득 차 있음을 실감나게 펼쳐 보인다. 더욱이 그림책의 뒤표지에 있는 이날의 그림일기는 고무동력기가 아이의 상상에서처럼 마음껏 하늘을 날지도 않았음을 엿보게 된다. 아이가 혼자 겪었음직한 쓸쓸함은 그림책을 덮는 순간 한층 배가된다.

이 그림책을 보면 상상 속 판타지가 어린이 책에서는 참으로 필요한 장치임을 새삼 깨닫게 된다. 혼자 남은 이 아이는 홀로 맞닥뜨린 막막한 고립감을 넘어설 현실적인 방책을 지니고 있지 않다. 일 나간 엄마를 불러올 수도 없으며, 스스로 밖에 나가 세상과 흔쾌히 소통할 수도 없다. 다만 상상 속 놀이를 통해 피할 수 없는 현실을 잠시나마 넘어설 따름이다. 그 고통이 이 작품과 같은 잠시 동안의 쓸쓸함을 넘어, 한층 더 억압적인 경우라면 판타지는 그만큼 더 절박할 것이다. 가난으로 말미암은 굶주림이거나 어른들의 이러저러한 폭력으로 인한 상처라면 아이들은 맥없이 당하고 스러지는 것 말고 달리 그 무엇을 할 수 있을까?

그나마 현실을 벗어날 판타지가 아이들에게 있음은 천만다행이다. 판타지 속 여행을 통해서라도 현실은 우선 벗어나고 볼 일이다. 그것은 어떤 현실적인 대응책을 마련할 수 없는 어린이들 스스로의 생존 방식이기도 하다. 어쩌면 어린이 문학의 역사에서 빼어난 작품들 대부분이 판타지 작품인 까닭도 여기에 있다. 그것이 어린이들에게는 유일하게 현실을 넘어서는 힘이기 때문이다. 『천하무적 고무동력기』와 같은, 상상으로 충만한 그림책은 아이들 스스로 판타지를 불러들이는 방식을 이처럼 앞질러 보여주기도 하는 것이다.【김상욱】

무서워 말고, 말을 걸어보렴

『안녕, 친구야』| 강풀 글·그림 | 웅진주니어

만화를 그리던 사람이 그림책에 도전했다. 뭐, 소설가의 동화, 시인의 그림책 글도 있으니 만화가의 그림책도 있을 법하다. 그림책 작가가 만화적 기법을 이용해 만든 그림책이 없는 것은 아니지만, 만화에서 출발한 만화가의 그림책은 뭐가 다를까?

그렇게 봐서 그런지 이 책은 만화와 그림책의 중간 지대에 있는 듯하다. 그림책의 명쾌한 장면 분절과 만화의 유장한 흐름 사이에서 이야기가 끊어질 듯 이어지는 독특한 리듬감으로 전개되는 것이다. 마치 기찻길의 침목 위를 타박타박 걷는 걸음을 따라가는 것 같다.

이야기의 내용도 걸음에 관한 것이다. 안방으로 건너가던 아이, 담장을 걸어가던 아기 고양이가 만나 함께 골목길을 걸어간다. 눈밭 위에 찍히는 아이와 고양이의 발자국. 혹은 쏟아지는 함박눈에 점점

묻히는 발자국. 나란히 가던 이 발자국들은 갈림길에서 멈춰 섰다가 다른 방향으로 갈린다. 홀로 우는 울음을 아무도 들어주지 않아서 서러운 아이, 너무 멀리 나와 버려서 집을 찾지 못하는 아기 고양이. 이 둘이 함께 헤매다 따로 돌아가는 길의 발자국들이 때로는 또렷하게 때로는 희미하게, 그러나 끊임없이 이어진다.

눈 내리는 밤 골목길에서 아이와 고양이가 겪는 사소한 모험 같은 이 이야기는 묘하게 큰 울림을 준다. 아파도 울지 않는 한 걸음의 성장에서부터, 여러 두려움과 혼란을 대면하고 이겨내면서 그 두려움의 대상과 새로운 관계를 맺는 긴 걸음의 성숙까지, 대견한 성장이 들어 있기 때문이다. 처음으로 혼자 자던 아이는 한밤중에 깨어 안방으로 들어가려다 발가락을 찧고 울음을 터뜨리지만, 고양이와 골

골길을 헤매다 돌아온 후에는 울지 않는다. 개 짖는 소리에 겁에 질려 도망치던 고양이도 "이제 괜찮다, 혼자 할 수 있을 것 같다"면서 아이를 집으로 돌려보낸다.

울며 헤매던 아이들이 조금 더 단단해져서 돌아갈 수 있었던 데에는, 도중에 만난 개와 쥐와 검은 고양이의 역할도 있다. 두 아이는 그들이 무조건 경계하는 대상이 아니라 친구가 될 수도 있는 존재라는 사실을 감지한다. "누군가에게 말을 걸면"이 두 아이가 도움을 받으며 집으로 돌아갈 수 있는 조건이다. 그러니 선입견과 두려움에서 벗어나 말을 걸어라. 춥고 어두울 수도 있는 세상으로 나가야 하는 어린것들에게 이런 메시지가 전달된다. 애처롭고 짠하다. 하지만 이야기를 다 끝낸 후에 엄마 아빠 사이에서 포근히 자리 잡고 있는 아이와 아기 고양이를 덧붙여 놓은 배려에 한결 마음이 따뜻해진다.

사족을 붙이자면, 길고양이들에게 집과 먹이를 마련해주는 활동을 하는 작가답구나 싶다. 그의 노력에 반향이 울리기를! 【김서정】

· 한 걸음 더 ·

그림책이 우스운가요?

　웃음을 주는 그림책을 고르라는 임무가 주어졌다. 책들을 골라놓고 보니 뒤통수가 은근히 근질거린다. 대체로 삐딱하고 고약하고 비웃음 가득한 이야기들이다. 내가 너무 뒤틀린 인간으로 보이지 않을까? 그러다 정신을 차린다. 아니 그럼, 네가 올곧은 인간이라는 거야? 그렇게 보이고 싶은 거야? 나는 나를 뒤튼다. 그래, 웃음은 뒤트는 데서 나오는 것이 아닌가. 일상을 뻥 차버리고, 상식을 납작 밟아주고, 인간을 흥 비웃어주는 데가 있어야 유머라고 할 수 있는 것 아닌가. 그래서 아이들에게 적당한지 아닌지를 비롯한 이런저런 고려를 접어두고, 어쨌든 통쾌한 그림책들을 내밀어 본다.

　먼저 『미스터리 모텔(데이비드 매콜리 글·그림, 조동섭 옮김, 마루벌)』이다. 1985년, 엄청난 대격변이 일어나 북아메리카의 모든 생명체가 하루아침에 사라졌다. 그 대격변이란, 홍보 우편물 발송요금이 갑자기 내리는 바람에 사람들이 말 그대로 홍보 우편물 홍수에 매장된 것이다! 그로부터 2000년쯤 지난 뒤, 한 뜨내기 발명가 겸 사학자가 구덩이에 굴러떨어졌다가 미스터리 모텔을 발견하고 그 거대한 공동묘지를 발굴하게 된다. 이 서술이 글과 그림 양쪽에서 어찌나 진지하게 학술적으로 펼쳐지는지 자못 엄숙하기까지 한데, 시종일관 엄숙한 그 톤이 오히려 웃음을 더한다.

모텔 방의 침대와 욕조에서 발견된 두 시체에서 학자들은 옛 인류의 종교 의식을 이끌어낸다. 모든 것이 대제단(텔레비전)을 향해 있다. 시신의 손에는 성스러운 통신기(리모컨)가 들려 있는데, 아마 신과의 더 깊은 소통을 위해서였을 것이다. 내실(욕실)에는 공들여 광을 낸 흰 석관(욕조)에 의식용 모자(샤워캡)를 쓴 시신이 매장되어 있다. 성스러운 항아리(변기) 위의 뮤직박스(물탱크)에서는 장례의식 내내 물소리가 음악처럼 흘러나왔을 것이다. 사제는 성스러운 목걸이(변기 뚜껑)와 정교한 펜던트가 달린 은빛 목걸이(욕조 마개)를 착용했을 것이다. 무덤 대문 손잡이에는 "방해하지 마시오!"라고 성스러운 봉인이 되어 있다. 이런 식이다. 발굴된 물건을 본뜬 기념품이 박물관에서 팔렸다는데, 양변기 모양 커피, 잔 세트에서는 폭소가 터지지 않을 수 없다. '엄밀한 기준에 따라 유명 영국 도자기 회사에서 최상급 도자로 제조'했다나. 지금 내 손에 있는 커피 잔이 2000년 전 변기는 아니었는지 들여다볼 일이다. 너무 찜찜한 소리를 했나?

이 책이 심술궂었다면 좀 착한 이야기로 가볼 수도 있다. 착한 이야기도 우스울 수 있다는 기특한 모범을 보여주는 책,『맘씨 좋은 고양이 호루스(난부 가즈야 글, 다시마 세이조 그림, 신현득 옮김, 효리원)』다. 날마다 고양이벼룩을 살피던 수의사가 자기도 모르게 썼다는 글과 천진난만하면서도 화려하고 강력한 그림이 즐겁다. 부탁을 받으면 도무지 거절할 줄 모르는 고양이 호루스가 어느 날 굶주린 벼룩 한 마리를 만난다. 피를 한 모금만 빨게 해달라는 벼룩에게 기꺼이 몸을 내준 호루스. 한 달 뒤 벼룩은 아기 벼룩 10마리를 데려와 다시 피를 청하고, 또 한 달 뒤에는 111마리가 달려든다. '등에 벼락을 맞은 것 같'았다는 호루스의 입에서는 그래도 "남을 돕는 것이 즐……, 즐겁답니다"라는 말이 나오지만, 다시 한 달 뒤, 1,111마리가 저마다 "딱 한 모금만!"을 외칠 때는? 삼십육계 줄행랑이다. '홍콩 할매 귀신'처럼 쫓아오던 벼룩들은 호루스가 훌쩍 뛰어넘은 시냇물에 빠지고 만다. 떠내려가는 벼룩들을 보는 호루스의 당혹스러운 표정에서 우리는 관계에 얽힌 우리 삶의 딜레마를 읽는다. 자기희생은 어디까지 해야 옳은가. 선의를 베풀다 중지하면 애초에 아니함만 못하지 않은가.

그 해답은 뒤 면지의 작은 그림에 들어 있다. 나뭇잎을 내밀어 벼룩 한 마리를 구해주는 호루스. 벼룩의 입에서는 "배가 고파 죽을 지경이에요"가 흘러나온다. 호루스가 어찌 나올지, 그다음 이야기는 어찌 풀릴지 뻔하다. 그러니까 이런 딜레마는 해결되는 게 아니라 되풀이될 뿐이라는 것이다. 당하고 도망치고, 또 당하고 또 도망치고, 삶은 그렇게 흘러간다는 소리를 이 총천연색 고양이가 전한다(원고를 넘기고 나니 이 책이 절판되었다는 소식이 들린다. 다른 책 골라 다시 글쓰기가 버거워서라기보다는, 순전히 이 책에 대한 애정 때문에 이 부분을 고수한다. 출판사는 호루스를 돌려다오, 돌려다오!).

고양이 말이 나온 김에 하나 덧붙이자. 『나야? 고양이야?(기타무라 사토시 글·그림, 조소정 옮김, 베틀북)』 하루의 3분의 2를 잠으로 보내는 우리 집 고양이 신세를 부러워하던 중, 같은 심경이었던 듯한 이 작가의 책을 만났다. 한밤중에 웬 뾰족 모자 할머니가 들어와 빗자루를 마구  흔들어대며 중얼거리고 간 다음 날 아침, 니콜라스는 엄마에게 질질 끌려 세수하고 옷을 갈아입고 학교로 가는데……. 그런데 아직도 자기가 집에 있다는 것을 깨닫는다. 거울로 달려가 보니, 눈앞에 있는 건 '우리 집 고양이 레오나르도'였단다. 하루를 고양이로 보낸 니콜라스는 갖은 말썽을 부리고, 위험에 처하고, 그러면서 '인생은 고양이에게도 고달프고 복잡한 것'임을 깨닫는다. 학교에서 돌아온 아들이 온갖 이상 행동을 보이자 걱정이 된 엄마는 의사를 불러오는 등 어쩔 줄 모른다. 엄마도 불쌍해 하고 레오나르도도 불쌍해 하는 니콜라스. 그러니까 이 입장 바꾸기 판타지의 수확은 다른 존재에 대한 이해와 연민의 마음이라는 것일까? 그보다는, 주소를 잘못 알았던 마녀가 다음 날 바로잡아놓은 사태가 더 마음에 든다. 교탁 위에 올라앉아 몸을 긁으며 와이셔츠를 핥아대는 근엄한 얼굴의 선생님이!

다음에는 멸종 위기에 몰린 책을 구출하려는 어드벤처 판타지라고 평하고 싶어지는 『그래, 책이야!(레인 스미스 글·그림, 김경연 옮김, 문학동네어린이)』가 떠오른다.

책의 생태, 아니 존재 자체에 대해 무지한 동키가 모바일 기기를 앞세워 아마존 밀림 벌채하듯 책을 짓밟아 들어오자, 몽키는 사력을 다해 방어선을 구축한다.

"그건 뭐야? — 책이야. / 스크롤은 어떻게 해? — 스크롤 안 해. 한 장 한 장 넘기면 돼. 이건 책이거든. / 그걸로 블로그 해? — 아니, 책이잖아. / 게임할 수 있어? — 아니 책인걸."

이런 일진일퇴의 공방전이 계속된다. 그중 압권은 『보물섬』의 서스펜스 넘치는 한 장면을 동키가 말이 너무 많다며 이모티콘으로 간단히 정리해 치우는 장면이다.

"존 실버 :^o^! ㅇㅋ? ㅋㅋ 짐 : :(! :)"

이런 아름다운 효율성이라니! 몽키가 할 말을 잃고 전의를 상실한 듯 보이는 그때 놀라운 일이 일어난다. 전리품처럼 책을 가져간 동키가 그만 독서 삼매경에 빠져버리는 것이다! 동키는 책 돌려주기를 거절하고 몽키는 시원하게 도서관으로 향하는 해피엔딩. 책의 승리가 선포되는 것처럼 보이지만, 마음을 완전히 놓을 수는 없다. 오싹한 반전, "걱정 마, 다 보면 충전해 놓을게"라는 동키의 말 때문이다. 장난과 심술, 역설과 블랙 유머로 둘째가라면 서러울 레인 스미스답지만, 그런 작가가 이렇게 책의 가치를 역설하는 계몽적 자리에 와 있다는 것이 쌉싸래한 여운을 남긴다.

위의 책들이 남긴 찜찜함이나 딜레마, 쌉쌀함을 일거에 날려버릴 만한 마지막 작품은 『내 이름은 자가주(퀜틴 블레이크 글·그림, 김경미 옮김, 마루벌)』이다. 로알드 달의 단짝으로 알려진 퀜틴

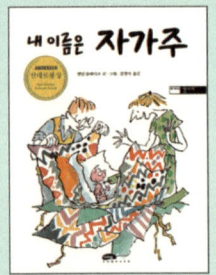

블레이크. 그에게서도 로알드 달 못지않은 통렬한 유머 감각과 인생에 대한 천재적 통찰력이 확인된다. 한 부부에게 이상한 소포가 배달돼서 풀어보니, '앙증맞은 분홍빛 생물이 들어 있었'다나. 그 생물이 바로 자가주였던 것. 그런데 사랑스럽게 커가던 자가주는 어느 날 새끼 대머리독수리로 변하고, 엄마 아빠가 도저히 못 참을 지경이 된 즈음에 다시 새끼 코끼리로 변한다. 그러다 멧돼지가 되고, 불을 뿜는 용이 되고, 박쥐가 되고, 다음에는 이 모든 것들로 뒤죽박죽 변신한다. 그 뒤를 잇는 것은 이상한 털북숭이 괴물.

"우리는 앞으로 어떻게 되는 걸까?"

흰머리가 늘고 기진맥진해진 부모는 손을 맞잡고 걱정하는데, 짜잔! 끝없이 자랄 것 같던 괴물이 예의 바르고 말끔한 청년 자가주로 탈바꿈하는 게 아닌가. 희색이 만면한 부모. 예쁜 아가씨와 사랑에 빠진 자가주가 결혼 소식을 알리러 갔더니, 어떻게 됐겠는가. "엄마와 아빠가 커다란 갈색 펠리컨으로 변해 있었다"는 것이다. 한 쌍의 젊은이와 한 쌍의 펠리컨이 어깨동무하고 걷는 뒷모습 아래 마무리 글은 "인생은 정말 굉장하다니까요!"이다. 겨우 열여섯 남짓한 페이지 안에 인생의 전 단계를 이토록 명징하게 분류하고 비유해서 보여

주다니. 캐릭터들의 풍부한 표정에는, '끔찍하군. 이건 정말 끝도 없잖아' 싶을 때도 있는 삶의 이런저런 국면에 대한 전면적 수락이 들어 있다. 이 흔쾌하고 유쾌한 책을 덮으며 탄성을 발하지 않을 수 없다. 그림책은 정말 굉장하다니까!【김서정】

가을

들리니? 가을 오는 소리

『사계절』| 존 버닝햄 글·그림 | 박철주 옮김 | 시공주니어

도심 번화가를 지나다니는 며칠은 짬짬이 가로수 나무들을 눈여겨본다. 산골집에서 지내는 주말 산책길에 오도카니 피어 있는 산나리 앞에서 그러듯, 걸음을 늦추곤 한다. 폭우며 큰바람이 지나가고 난 아침이면 신호등 바뀌길 기다리면서 조금 쓰다듬기도 한다. 그래도 견딜 만한지 그렇지 못한지 묻지 않으려 애쓴다. 잘 지내지요, 라는 인사가 길어지면 서로 마음 복잡해질 것이다.

이 그림책에 나오는 아이들, 어른들도 얼굴이 그렇다. 점 하나 점 둘의 눈, 기역자 코, 일자 입. 웃는지 우는지 기뻐하는지 슬퍼하는지는 배경의 자연과 사물이 말한다. 새들이 힘차게 날아다니며 나뭇가지 물어다 둥지를 틀고 새끼 양들이 뛰어놀고 오리들이 물장구치는 봄날, 말을 타고 꽃피는 들판을 달리는 그 얼굴들은 웃음을 터트리고 즐거운 비명을 지른다. 쨍쨍 뜨거운 한낮 햇볕 속 그 얼굴들은 지루하다고 칭얼거리며 장난거리를 찾는다. 길고 긴 여름날 저녁 강에서 보트 타는 그 얼굴의 아이들은 팔을 번쩍 들어 강가를 달리는 개를 응원하거나 나른히 팔을 늘어뜨린 채 물속을 들여다본다. 콧수염 난 아빠는 그나마 일자 입도 안 보이는 그 얼굴로 벌을 쫓거나 천둥과 폭풍우 속에서 아이들을 지킨다.

그림책『사계절』은 제목 그대로 봄, 여름, 가을, 겨울의 삶과 자연을 담고 있다. 가을에 이르러 '낙엽이 흩날리는' 장면은 글이 이야기하는 시간 이상을 보여준다. 무엇보다도 아직 초록빛 그득한 대지를 산책하는 사람들과 단풍 든 나무들을 오른쪽으로 밀어붙이며 부는 바람, 물러가지 않으려는 여름의 시간을 넘기는 바람을 보여준다.

우수수 나뭇잎이 날리고, 파이프를 문 채 코트 주머니에 한 손을

넣은 사람이 개를 끌며 걷고, 모자 쓴 이는 긴 다리를 최대한 크게 움직여 걷고, 아이는 안전한 유모차에 앉아서 싱긋 웃는다. 유모차를 끄는 어른과 우산으로 바람을 막으려 애쓰는 어른은 바람이 너무 분다고 생각하겠지만, 씽씽 바람 속을 내달리는 존재들도 있다. 수염을 한껏 뻗친 채 바람처럼 달리는 고양이, 존 버닝햄 그림책에 자주 등장하는 작은 검둥개와 커다란 개.

2차원인 평면에 '바람'을 그리기는 쉽지 않다. "낙엽이 흩날리고"라는 단 한 줄의 문장에도 불구하고 윙윙 바람 부는 소리가 들린다.

"어이쿠, 내 모자!"

"이런, 어서 집에 가자!"

다급한 목소리가 들리는 장면의 성공 비결은 무엇일까? 버닝햄이 동세를 표현하기 위해 사용한 온갖 기법을 곰곰 살펴보면 고개를 끄

덕이게 된다. 물감을 흩뿌리고 긁은 것은 물론, 코트 자락이 휘날리고 모자를 부여잡거나 방패처럼 우산을 힘주어 대치시켰다. 이 장면은 그림책 작가들을 위한 본보기 그림으로 손꼽힌다.

한 백화점에서 의뢰한 사계절 포스터에 장면을 추가하여 만든 이 그림책은 그야말로 봄, 여름, 가을, 겨울의 자연 풍경을 더없이 풍성하게 즐기게 해준다. 유럽 대륙 서북쪽 섬나라 영국의 사계절과 한반도의 사계절이 조금씩 어긋나기도 하고 겹치기도 하는 차이에 대해 아이들이 질문할지도 모르니 모종의 준비가 필요할 수도 있다.

【이상희】

개구리가 여왕이 됐다

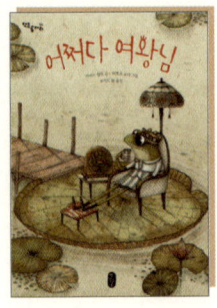

『어쩌다 여왕님』 | 다비드 칼리 글 | 마르코 소마 그림 | 루시드 폴 옮김 | 책읽는곰

개구리가 여왕이 됐단다. 얼핏 든 생각은, '승진했네?'였다. 개구리 하면 왕자가 자동으로 떠오르지 않는가. 개구리 왕자도 기구했지만 여왕의 사연도 심상치 않을 듯하다. 왕자는 마녀의 저주에 걸려 개구리가 됐다는데 이 여왕은 어쩌다 개구리가 되었을까? 아니면, 이 개구리가 어쩌다 여왕이 되었을까? 그런데 마녀의 저주로 그렇게 된 것 같지는 않다. 연잎 위 폭신한 의자에 발 쭉 뻗고 앉아 차를 마시는 개구리 여왕의 표정은 상당히 흡족해 보이니까.

책이 밝히는 사연은 이렇다. 한 연못에서 개구리들이 "딱 개구리들이 할 만한 일을 하며" 살았다. 그러니까 뜀뛰기, 파리 잡기, 낮잠 자기, 잠자리와 장난치기, 다 같이 개애굴 개굴 개애굴 노래 부르기 등을 하며 행복하게 살았다는 거다. 그러던 어느 날 하늘에서 뭔가가 첨벙 떨어져 내리고, 재빠른 아줌마 개구리 하나가 지하철 빈자리에 몸을 날리는 속도로 잠수해서 건져낸다. 그것은 다름 아닌 반짝반짝 작은 왕관!

그걸 쓰고 나온 아줌마 개구리는 자동으로 여왕에 추대된다. "그런데 누구도 여왕을 본 적이 없으니, 여왕을 어떻게 모셔야 할지, 여왕에겐 어떻게 말해야 할지" 알 수가 있나. 왕관 쓴 개구리조차 어쩔 줄 몰라 하던 차에 몇몇 개구리가 다가와 여왕이 할 일을 줄줄 늘어놓는다. 다른 개구리들과 말도 하지 마라, 발을 물에 적시지 마라, 힘든 일 하지 마라, 통통한 파리만 먹어라, 말 안 듣는 개구리에게는 당장 벌을 내려라. 그래서 그렇게 된다. 여왕이 유유자적 넓은 이파리 위에서 차를 즐기는 동안 개구리들은 여왕과 몇몇 신하들을 위해

끊임없이 파리를 잡느라 녹초가 된다. 개구리 마을에서는 잠자리와의 장난도, 저녁 식사 후의 노래도 사라진다.

그러던 어느 날 개구리들은 여왕을 즐겁게 해주기 위해 다이빙 대회를 연다. 온갖 멋진 다이빙을 선보이는 개구리들. 그러고는 여왕에게도 권한다. "여왕님은 모든 면에서 누구보다도 가장 뛰어나다고 하지 않았느냐, 그러니 다이빙도 멋지게 해줄 거라고 기대한다"라는 것이다. 할 수 없이 까마득한 높이에서 뛰어내린 여왕 개구리. 깊은 물속에서 솟아올라온 그녀의 머리 위에는 왕관 대신 젖은 나뭇잎이 덮여 있었고, 그리하여 여왕이 없어진 개구리 마을은 옛 모습을 되찾는다. 자기가 먹을 파리는 자기가 잡고, 여름밤이면 다 같이 모여 노래를 부른다. 개애굴 개굴 개애굴.

옛이야기와 우화의 구조를 살짝 비틀고 합쳐서 만든 이 영리한 이야기는 유쾌하다. 폼 나는 황새를 왕으로 택한 개구리들이 왕에게 날마다 잡아먹힌다는 이솝 우화는 비극으로 끝나지만, 이 그림책의 해피엔딩은 마음이 놓인다. 신경질 공주에게 내동댕이쳐지기 전에 스스로 낮은 물속으로 잠겨 든 개구리의 결단도 믿음직하다. 음유시인 루시드 폴의 번역도 경쾌하다. 그가 혹시 이 이야기로 노래 한 곡 만들어 불러주지 않으려나?【김서정】

정성 담은 그림책이 마음을 흔드네

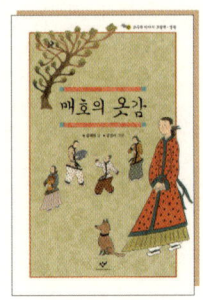

『매호의 옷감』 | 김해원 글 | 김진이 그림 | 창비

 그림책은 크게 정보책과 이야기책으로 나뉜다. 목적에 따라 정보를 전달하는 책과 이야기를 건네는 책으로 나뉘는 셈이다. 그러나 이 둘의 경계는 명확하지 않다. 특히 정보를 전달하는 책은 이야기의 형식을 빌려 이야기 속에 정보를 적절하게 녹여내기도 한다. 이처럼 정보 그림책이 이야기를 활용하고자 함은 이야기가 지닌 매혹으로 미루어 볼 때 당연하고 또 자연스럽다. 이야기야말로 어린이들이 가장 쉽게 받아들이는 언어 형식이며, 이야기를 통해 비로소 어린이들은 세계를 단단한 의미로 인식하기 때문이다.
 김해원이 글을 쓰고, 김진이가 그린 『매호의 옷감』이 애초 선 자리는 정보 그림책이었다. 무용총 고분에서 출토된 벽화 속 고구려 시대의 독특한 복식에 착안하여, 옷감에 얽힌 당대의 삶 한 자락을 건네는 것이다. '고구려 이야기 그림책'이라는 출판사의 설명도 고구려의 문화를 건네는 것에 목적이 있음을 잘 보여준다. 그러나 이 정보는 사내아이 '매호'와 계집아이 '지밀'을 매개로 한 이야기에 감싸인 채, 애틋한 남녀의 사랑으로 탈바꿈한다. 염색장이였던 '매호'는 군역을 떠나기 전, 베를 짜고 옷을 짓는 '지밀'에게 세상에서 둘도 없는 점무늬 옷감을 건넨다. 세상에 둘도 없는 마음을 건네듯. 그리고 다시 돌아오지 못한다. 그러나 그의 옷감에 가득 흩어진 검은 점들은 매호의 마음만큼이나 지밀뿐만 아니라 여인네들의 마음을 흔들고, 마침내 내로라하는 무용수들의 옷감으로 쓰이기에 이른다.

그림책의 그림은 최대한 고구려 시대 고분벽화에 새겨진 그림들, 특히 무용총의 그림들을 복원하고자 했다. 삼베의 올이 그대로 느껴

지는 바탕천에 인물의 형태와 동작선을 양식화하여 표현했으며, 세로로 긴 판형을 통해 인물의 서 있는 형상을 효과적으로 담아내고 있다. 색채 또한 옷감에서 즐겨 사용되었던 적, 청, 황, 녹의 바탕색을 기본으로 남녀 인물들에게 각기 적합한 흑백과 적록의 복식으로 변화를 주었다. 또한 원근법을 배제하고 구도의 깊이 또한 엄격하게 물리침으로써 평면적인 그림의 효과를 최대치로 복원한 점도 이채롭다. 이러한 평면성은 자칫 감상적이기 쉬운 이야기를 담담하게 서술함으로써 오히려 그 시대의 은근한 사랑을 더욱 곡진하게 펼쳐내기도 하는 것이다.

더러 사람들에게서 질문을 받는다. 어떤 그림책이 좋은 그림책이냐고? 가장 쉽게 알아볼 수 있는 것은 정성껏 만든 그림책이다. 무엇을 말하고 싶은지 중심을 명확하게 견지하고 있으며, 그 중심을 표현하기 위해 생각을 공글리고 또 공글린 사유의 흔적이 곳곳에서 배어나고, 이야기의 기승전결이 명확하며, 마침내 책의 꼴을 갖추고 나온 그 결과물이 누가 보더라도 '아, 애썼구나!' 하는 느낌이 드는 책, 그런 책이 좋은 그림책일 것이다. 하긴 그렇게 되고 싶지 않은 책이 어디 있으랴만, 그중에서도 더 정성이 담긴 책. 그런 책이 좋은 그림책이 아닐까. 우리 아이들에게 가장 좋은 것, 가장 아름다운 것, 가장 선한 것을 건네는 일이 어른들의 책무라면, 『매호의 옷감』도 근래 만난 정성껏 만든 책 중의 하나임은 분명하다. 【김상욱】

너무해! 정말 너무해!

『백만 년 동안 절대 말 안 해』 | 허은미 글 | 김진화 그림 | 웅진주니어

대학에 막 입학했을 때다. 얼굴 따로 이름 따로, 누가 누군지 아리송한 이들과 둘러앉아 스무 해도 못 채운 세월 동안 살아온 고만고만한 이력을 자못 비장한 얼굴로 털어놓는 자리였다. 한 친구가 다섯 살(여섯 살일지도 모른다) 때 가출한 이야기를 꺼냈다. 가출한 이유는 기억나지 않는다. 뭔가 마음에 안 들었겠지. 아무튼 다섯 살 꼬맹이가 집을 나가기로 결심하고 유치원 가방에 이것저것 챙겨 넣고 집을 나섰단다. 조용히 대문을 빠져나가 하염없이 길을 가는데, 퍼뜩 아무도 자기를 찾으러 오지 않으면 어떡하나 하는 생각이 들더란다. 그래서 그냥 집으로 돌아왔단다. 아무 일도 없었다는 듯이. 그게 다였다. 참으로 엉뚱하고 허무했던 이야기. 그런데 이상하게도 그 이야기는 오래도록 내 마음에 남았다.

실제로 대여섯 살 아이들이 집을 나가는 일은 드물지만 그림책 속 아이들은 가출을 많이 한다. 하지 말라는 것도 많고, 야단맞을 일도 많고, 억울한 것도 많아서 집을 나간다. 형이 밉살맞아서 나가고, 동생이 얄미워서 나가고, 아무래도 우리 엄마 아빠는 가짜인 것 같아서 진짜 부모를 찾아 집을 나선다.

『백만 년 동안 절대 말 안 해』의 주인공도 그랬다. 엄마도 너무하고, 아빠도 너무하고, 언니도 너무하다. 툭하면 화내고, 사달라는 건 하나도 안 사주고, 몸에 나쁜 건 먹지 말라면서 자기들은 먹고, 나한테만 일찍 자라고 하고, 강아지도 햄스터도 병아리도 못 기르게 하고, 만날 나만 놀려먹는다. 이렇게 얄미운 사람들과 살 수는 없다. 그래, 가족 따윈 필요 없어!

아이 목소리가 들릴 듯 생생하게 살아 있는 글, 익숙한 일상을 감각적으로 재구성해낸 사랑스러운 그림 모두 뛰어나다. 주황색 털실을 이용하여 텍스트를 확장하고 캐릭터에 깊이를 더한 점 또한 흥미롭다. 아이는 곰인형을 둘러업고 지구 반대편으로 가버릴 기세로 땅을 판다. 땅굴은 점점 더 깊어지고 아이는 점점 더 깊숙이 땅속으로 파고든다. 그러나 땅속을 헤매는 아이의 허리에는 주황색 털실이 감겨 있다. 돌아올 길을 잃지 않으려고 실꾸리를 챙겨온 테세우스처럼.

주황색 털실 가닥의 반대쪽 끝에는 아이의 집이 있다. 집을 나간 아이들은 다시 집으로 돌아온다. 신나게 놀다가 다 잊고 돌아오고, 찾으러 나온 부모 손에 이끌려 못 이기는 척 돌아오고, 집이 그리워

서 제 발로 돌아온다. 아직은 집을 떠날 때가 아니니까.

　집으로 돌아온 아이는 식구들에게 엄포를 놓는다. 다음부턴 그러지 말라고, 한 번만 더 그러면 백만 년 동안 절대 말 안 할 거라고. 그렇게 아옹다옹 네 식구는 주황색 털실 한 가닥에 꽁꽁 묶여 있다. 참 따뜻하다. 【최정선】

한국 그림책의 희망과 안타까움

『새가 되고 싶어』| 한병호 글·그림 | 시공주니어

　2014년 안데르센상 심사를 진행 중이다. 전 세계 34개 국가에서 글작가 29명, 그림작가 31명이 후보로 올라와 있다. 그림작가는 영국의 존 버닝햄, 오스트레일리아의 론 브룩스, 중국의 시옹리앙, 크로아티아의 유나코비치 등 걸출한 작가의 작품들이 경쟁하는 중이다. 이들과 나란히 어깨를 맞대고 있는 우리 작가는 한병호다. 그는 충분히 이들과 나란히 세워둘, 많지 않은 우리 작가 중 한 사람이다.
　한병호의 그림책은 보기 드물게도 이야기가 군더더기 없이 단정하다. 다른 글 작가들의 글을 바탕으로 해서 그렇기도 하거니와 스스로 글을 쓰고 그림을 그린 작품도 다르지 않다. 『새가 되고 싶어』는 건물 벽에 페인트를 칠하는 어른을 등장시킨다. 그로부터 날고 싶은 욕망의 단서를 얻으며, 바람대로 아침에 새가 된다. 새가 된 다음의 폭넓은 경험과 어려움들을 펼쳐 보이다가, 새로운 변신을 통해 마무리를 짓는다. 그러나 이 변신 또한 그저 단순한 몸의 교체로 그치지 않는다. 욕망이 고스란히 마음을 표현하듯 다른 존재로의 변신 속에도 이전 존재의 형태를 간직하고 있다. 서사의 처음, 중간, 끝이 온전히 매끄럽게 아퀴를 짓는 것이다. 그만큼 이 그림책은 그림책의 형식적 완결이 무엇인지를 잘 보여준다. 분명 바느질을 하여 글과 그림, 장면과 장면, 이야기와 이야기를 이었음에도 바늘 지나간 땀과 솔기가 보이지 않는다.

게다가 그림의 판형은 정사각형에 가까운데, 이를 펼치면 가로가 긴 판형이 된다. 이 변화의 양상에 맞게 그림은 펼침면을 함께 사용할 때에는 배경 속의 행위를 폭넓게 묘사하고, 한쪽 면만 사용할 경우 수직의 인물들을 단정하게 배치함으로써 가로와 세로의 변형을 아주 효율적으로 활용한다. 글의 위치 또한 세로 혹은 펼침면의 그림과 조응하는 제각각의 정확한 위치에 설정되어 있다. 이 구도의

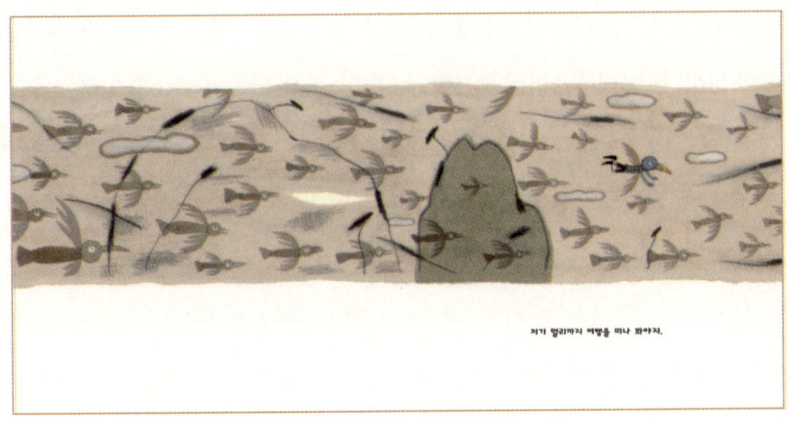

안정성을 바탕으로 수묵 담채의 부드러움과 선명함, 여백의 넉넉함을 통해 형태를 돋을새김하는 시각적 효과를 적절하게 얻는다.

이만한 작품에 도달하기까지 한병호가, 또 우리 그림책 작가들이 기울여온 수많은 사유와 실천의 흔적은, 밀쳐두고 팽개쳐버린 헤아릴 수 없이 덧쌓인 더미들 속에 고스란히 온축되어 있을 것이다. 그럴진대, 의당 우리 그림책의 앞날은 밝다.

그러나 결코 밝지만도 않다. 이 짧은 지면, 이 한 권의 그림책을 소개하는 데에도 필자는 아주 오랜 시간 망설여야만 했다. 나는 우리네 작가들에게 심리적인 망설임 속에서든, 아예 무지하고 무감각해서든, 편집자들과의 어쩔 수 없는 개인적 관계에서든(나 또한 다르지 않지만), 함부로 치지도외할 수 없는 이유가 있으리라 당연하게 생각한다. 출판사는 작품의 내용과는 전혀 관련이 없는, 작가가 독자에게 다가가기 위한 단순한 이동의 수단만이 결코 아니기 때문이다.

그것이 어린이 책이라면 더욱더. 어린이들에게는 어른들이 그동

안 길어 올린 것들 가운데 가장 소중한, 가장 아름다운, 가장 진실한 것을, 오직 그것만을 건네야 하기 때문이다. 그 여린 어린이의 손에, 눈에, 마음에 가장 부끄러운 이름을 함께 은근히 끼워 건네주는 것이 어디 있을 법한 일인가! 부끄럽다. 【김상욱】

같이 날아볼까? 아주 쉽단다!

『날아라, 꼬마 지빠귀야』 | 볼프 에를브루흐 글·그림 | 김경연 옮김 | 웅진주니어

날아가던 비행기가 우리 집 정원에 추락하지 않을까? 커다란 버스가 눈밭에 미끄러져 구르지나 않을까? 그 승객들을 모두 치료하고 먹일 재료들은 충분할까? 내일 아침 해가 뜨지 않아 캄캄해지면 박하와 잡초를 어떻게 구별하지?

마이어 부인은 이런 걱정으로 하루를 보내는 사람이다. 남편이 차를 끓여주고 안아줘도 소용이 없다. 그런 마이어 부인이 어느 날 눈도 못 뜬 새끼 지빠귀를 발견해서 집으로 데려온다. 비행기, 눈, 어둠 걱정은 모두 순식간에 잊힌다. 둥지를 만들어주고 파리며 애벌레며 모기를 잡아 먹이는 등 정성을 다하는 마이어 부인. 새가 어느 정도 자라자 나는 법을 가르쳐야겠다고 생각하게 된다.

이 책의 지은이 볼프 에를브루흐는 『누가 내 머리에 똥 쌌어!』처럼 서너 살 아이들도 깔깔거리게 만드는 똥 이야기에서부터 『내가 함께 있을게』처럼 통렬하면서도 뭉클한 죽음 이야기까지를 다루는, 스펙트럼이 넓은 작가다. 인간의 밑바닥 욕망이나 공포를 실감 나게 터뜨려놓는 책이 있는가 하면, 삶의 지평을 뜻밖의 국면으로 넓혀서 보여주는 책도 있다. 『날아라, 꼬마 지빠귀야』는 후자의 경우다.

새에게 나는 법을 가르치려면 어떻게 해야 하는가. 그렇다. 시범을 보이면 된다. 벚나무 가지를 헉헉대며 오른 마이어 부인이 팔을 휘저어 보이지만 새는 꼼짝하지 않는다. 녀석이 지빠귀가 아니라 펭귄일지도 모른다는 불안에 휩싸인다. 석양에 잠긴 푸른 초원, 저 멀리 반대편 숲, 구름 두 조각이 나란히 흘러가는 하늘을 보며 앉아 있던 중 "문득 기이한 느낌이 번개처럼 스치고 지나"가고, 나뭇가지에서 살짝 미끄러져 내려간 그녀는 하늘을 난다!

쓸데없는 비현실적 걱정이 많은 아줌마가 어미 잃은 새를 살려내는 일로 그런 걱정을 잊는다는 전반부 이야기는, 공허해 보이는 거대담론 대신 눈앞의 작은 현실에 충실하기를 권하는 것으로 보이기 십상이다. 그러나 그녀가 어떤 복선도, 그럴 법한 장치도 없이 하늘로 날아오르는 대목에서 이 상식적인 해석은 와장창 깨진다. 뭐지? 새끼 새의 엄마 노릇을 하다 보면 어미 새가 될 수도 있다는 말인가?

안 될 것 있겠는가. 이 책의 즐거움은 그렇게 현실적 유용성과 개연성을 순간 가뿐하게 넘어서는 자유분방함에 있다. 울퉁불퉁 덩치 큰 아줌마가 어리벙벙한 얼굴로 어설프게 공중에 떠 있다가 능숙하게 하늘을 날게 되기까지의 세 장면은, 굳이 근거를 따지고 싶지 않은 해방감과 기쁨을 안겨준다. 비밀스러운 미소, 빛나는 얼굴, 잠깐 아침 비행 다녀오겠다며 노래하듯 하는 말. 걱정쟁이 마이어 부인이 이렇게 변한다. 그 변화로의 어려운 걸음을 처음 내딛고 난 그녀의 말은 이것이다.

"아주 쉽단다! 자, 우리 함께 해보자!" 【김서정】

마음 다독여준 한없이 투명한 수채화

『그 길에 세발이가 있었지』| 야마모토 켄조 글 | 이세 히데코 그림 | 길지연 옮김 | 봄봄

위로는 어디에서 오는가. 위로가 너무나도 간절한 이때 드는 생각이다. 신에게서? 인간에게서? 통로는 많겠지만, 모르겠다. 당분간은 아무 생각이 안 난다.

그러면서 문득 다시 집어 든 책이 있다. 『그 길에 세발이가 있었지』. 책을 펼치면 다리가 셋뿐인 개가 나온다. 때로는 "자기가 길거리의 걸레라도 되는 줄" 아는지 온몸이 쓰레기투성이가 되도록 거리를 굴러다니는 떠돌이 개 세발이. 다음 장에는 고개를 푹 숙이고 걸어가는 어린 남자아이가 나온다. 엄마랑 둘이 살았는데 돌아가셔서 '어쩔 수 없이' 숙모네 맡겨진 아이.

그 아이는 다음 장에서 또래 아이들에게 얻어맞는다. 그리고 페이지를 넘기면, 아이와 세발이가 달려간다. 고개를 설핏 돌려 서로를

 마주 보는 얼굴에, 자세히 보이지는 않지만 웃음이 가득하다. 잔잔하게 얼룩이 번지는 수채화에, 뛰어가는 두 생명의 주위로 넉넉하게 두른 여백이 마치 후광처럼 환하다.
 아이와 개가 각각 얼마나 힘겨운 삶을 살았는지, 서로를 얼마나 아끼고 사랑했는지가 글로도, 그림으로도, 텍스트에 절절히 기록되지는 않는다. 상황은 담담한 보고로 짧게 처리하고, 대신 전면에 나서는 것은 살아 있는 것들의 감각이다. 눈을 감은 채 세발이의 숨소리를 들으면서 달리는 게 좋았다, 세발이가 달리고 나면 언제나 시원한 보리밭 향기가 났다, 아주 맑은 일요일에는 차가운 숲 냄새가 나기도 했다는 것이 성인이 된 후의 화자가 공들여 전하는 이 당시의 느낌이다. 그러니 어린 화자를 위로한 것은 세발이가 매개하는 자연의 감각이었을 것이다. 맑고, 시원하고, 차갑고, 향기로운 그런 것들.
 뛰다 지친 아이가 데구루루 구르면 개는 아이 위로 올라간다. 아이 머리를 앞발로 톡톡 치고, 킁킁거리며 냄새를 맡는다. "간지러웠다"고 화자는 말한다. 그 간지러움은 두 생명의 교류에서 톡 터져 나

오는 작은 기쁨일 것이다. 그리고 이야기. 아이는 세발이에게 많은 이야기를 들려준다. 당나귀, 별들의 음악회, 서커스 광대 이야기들. 세발이는 꼬리를 흔들거나 하품을 하는 것으로 재미있는 이야기와 지루한 이야기를 분간하기도 한다.

그것들이 아이와 개를 위로했다는 직접 진술은 나오지 않지만, 읽는 독자는 안다. 그리고 잠깐의 향기, 간지러움, 하품 속에서 빙긋 웃게 된다. 그러면서 생각한다. 위로는 똑같은 처지의 존재, 자연의 향기, 누군가와의 심장 간지러운 교류, 이야기, 이런 순서로 오는가.

숙모네에서 더 이상 견디지 못한 아이는 가방을 꾸려 집을 나선다. 그리고 멀리 떠나는 버스를 탄다. 세발이는 버스를 따라 달리는데, 그것은 눈물의 이별이 아니다. 달리는 세발이는 가장 세발이다운 모습이다. 마지막 장면에서 어른이 된 화자는 자신을 보고 있던 세발이를 떠올리며, 혼자 걷고 있지만 괜찮다, 나는 계속 걸을 거라고 스스로를 다독인다. 혼자서 바로 서고 걸을 수 있는 힘이 그 모든 위로의 결과다.

그러니 우리가 위로를 주는 방법, 받는 방법은 아마 똑같은 처지의 존재가 된 듯한 심경 속으로 들어가는 일일 것이다. 앞으로도 갈 길이 길다. 심호흡하고, 길게 보고, 계속 걸어가야겠다.【김서정】

섬마을 풍경에 그 멜로디 떠오르네

『엄마가 섬 그늘에 굴 따러 가면』 | 이상교 글 | 김재홍 그림 | 봄봄

아이를 재울 때 토닥이며 들려주던 노래는 '클레멘타인'이었다.
"넓고 넓은 바닷가에 오막살이 집 한 채"
1절을 불러주고, 딴에 유식한 척하며 2절은 영어로 불러주었다. 영어를 함께 섞어 부르면 저절로, 왜 광산이 바닷가가 되고 광부가 어부가 되었지 하는 의문이 떠올랐다. 끝내 그 까닭은 알 바 없으나, 짐작건대 문화적 차이를 최대한 고려하며 적극적으로 의미를 내팽개치고 새롭게 끼워 넣은 결과일 것이다. 번역은 애초 창작의 다른 이름이라 하지 않았는가?

그런데 번역은 차치하고 '늙은 애비 홀로 두고 영영 어딜 가느냐'는 대목에 이르러 영 개운치가 않았다. 꽃잎처럼 여리디 여린 바스러질 듯 싶은 이 딸아이가 자라고 자라, 마침내는 나를 홀로 팽개치고, 훌쩍 가버릴 것처럼 느껴졌다. 나는 애써 다른 노래를 떠올렸고, 마침내 한인현의 '섬집 아기'를 찾았다. 똑같이 세 박자의 리듬 속에 같은 음조를 지녔으나 비극적 면모가 덜했다. 둘 다 쓸쓸하기는 마찬가지였으나, 섬집 아기의 엄마와 아기는 그래도 만나게 되어 있으니까. 좀 더 낙관적이고 희망에 가득 찬 예쁜 노래를 찾기도 했으나 그저 예쁘기만 한 슈베르트 말고는 떠오르지 않았다. 자지 않으려 칭얼거리는 아이에게 행진곡풍을 들려줄 수도 없었고. 결국 둘째 아이를 재울 때에도 나의 단골 레퍼토리는 '섬집 아기'였다.

이 '섬집 아기'를 그림책으로 만들면 어떻게 될까? 시로 그림책을 만든 책을 시그림책이라고 한다. 그러나 정작 시 그림책이라는 장르 명칭은 조금 불편하다. 시를 글 텍스트로 썼을 뿐, 32쪽으로 이루어진 그림책은 시가 아닌 이야기기 때문이다. 제대로 된 시그림책이라면 한 펼침면에 한 편의 시가 담겨 있는 책들뿐이다. 시들이 서로 연결되어 있지 않다면, 이야기는 저절로 없어지는 셈이다. 그런데 시 자체를 아예 이야기로 풀어내고, 그에 그림을 잇댐으로써 전적으로

시의 꼴을 벗어던질 수도 있다. 이상교가 글을 쓰고 김재홍이 그림을 그린『엄마가 섬 그늘에 굴 따러 가면』이 그것이다. 기획의 착상이 아주 돋보이는 책이다.

돋보이는 것은 기획만이 아니다. 이상교의 글은 군더더기 없이 일상과 헤어짐, 홀로 남은 아이의 놀이와 잠, 굴을 따는 엄마의 일과 아이를 향한 조바심 등을 쉬운 문장 속에 잘 다듬어 표현하였다. 두 장면의 병치로 이루어진 원래의 동시를 그림책의 글은 기승전결의 형식으로 풀어 하나의 온전한 이야기로 각색하였다. 김재홍의 그림 역시 사실적인 필법으로 대상을 충실하게 재현해내고 있다. 특히 그의 그림은 풍경 묘사의 정교함이 두드러진다. 바닷가 마을, 외딴집, 올망졸망한 바닷가 바윗돌과 갯벌 등 그의 붓끝에서 살아나는 섬마을의 풍정은 섬세하고 풍부하다.

그러나 이 그림책의 미덕은 원작인 '섬집 아기'를 저만큼 밀쳐두고 새롭게 이야기로 구성하였음에도 여전히 한인현의 동시 '섬집 아기'가 든든하게 작품의 배면에 자리 잡고 있다는 점이다. 시가 그림

책을 불러들이고, 그림책이 다시 시를 불러들이는 셈이다. 더욱이 자장가로 맞춤한 노래까지 함께 곁들여져 있는 다음에야.

이제 다 자란 아이들에게 "아빠가 자장가 불러줄까?"라고 들으면, 똑딱이던 스마트폰에서 눈을 떼고, '아빠가 어찌 되셨나…….' 하며 고개를 갸웃거릴 것이다. 할 수 없이 나는 이 아이들이 안겨줄 또 다른 아이들을 기다려야 할 판이다. 아니 그조차 마냥 기다릴 수 없어, 혼자 가만가만 "엄마가 섬 그늘에 굴 따러~ 가면"을 부르며, 스스로에게 들려주는 자장가에 취해 조금 눈시울을 적시기도 할 것이다. 【김상욱】

고양이와 엉겅퀴가 살러 왔습니다

『빈집』| 이상교 글 | 한병호 그림 | 시공주니어

뒷산에 오를 때면 그 빈집을, 마음 써서 쳐다본다. 내려올 때도 잊지 않고 바라보곤 한다. 이즈음 산골짝 길 어디에나 지천으로 떨어져 있는 밤 줍기에 바쁠 때에도 문득 빈집 생각이 떠올라 눈을 맞춘다. 오륙 년 전쯤, 도시내기 노부부가 경치 좋고 물 좋은 데서 며칠씩 지내다 가련다고 장만해서는 잎이 커다란 토란도 심고 보라 풍선꽃 피는 도라지도 심고 그러구러 두어 해 짬짬이 불 켜지던 집, 그 뒤로는 오시다 말다 하던 집, 이제는 아예 빈집……. 그 손바닥만 한 조립식 방갈로가 내내 자물쇠를 매달고 있다. 안쓰럽다.

두 분 중 한 분은 탈이 나셨나 보다 싶은 걱정에, 그래도 어찌 그리 까맣게 잊으셨나 하는 서운함에, 기다리고 기다리다 빈집은 얼마나 상심했으랴 싶은 안타까움에, 집필실 찾아 떠도는 글쟁이 친구들

우리 모두 함께 살러 가자.

에게 좀 내어주면 얼마나 좋으랴 하는 오지랖 대마왕의 바람까지 더해 복잡한 마음이 되곤 한다.

그런 빈집 이야기다. 아니, 온다 간다 말도 없이 주인 소식 끊긴 그 빈집에 비해 이 빈집은 주인이 세간살이 싹 들어 싣고 떠나는 바람에 다락이며 툇마루며 문지방이며 댓돌이 한바탕 눈물 바람을 한 터이다. 그리고 난 뒤 자연의 아이들이 등장한다. 시간의 얼룩과 균열, 그 황폐의 이미지를 추상적으로 그려낸 왼쪽 화면에 걸쳐, 나뭇결을 살려 그린 검은 문틀과 그 너머 동물(고양이)의 쳐들린 꼬리며 몸통 뒷부분, 거기다 마음껏 제멋대로 자란 풀꽃 덤불과 노랗고 불그스름한 햇살이 근사하게 어우러진 『빈집』의 이 열세 번째 장면에는 마지막 텍스트가 마침표를 찍고 있다. "대신 살러 가자."

"대신 살러 가자"는 이상교 시인의 시 『빈집』의 마지막 구절이다. 그러나 그림은 마지막 장면이 아니다. 한병호가 만든 같은 이름의 시 그림책 『빈집』의 마지막 장면은 그 빈집에 무정한 사람 "대신 살러" 간 고양이가 오도카니 자리를 잡은 그림이다. 그림 속의 고양이

는 거기가 마음에 드는지, 살짝 웃고 있다.

  2007년에 첫 출간 되었다가 출판사를 바꿔 표지를 새로 갈아입은 이 그림책은 장면 장면이 다 액자에 넣어 걸어두어도 좋은 '그림'이다. 오일 파스텔과 콜라주 작업으로 구현된 그림이 띄엄띄엄 읊조리는 시에 귀를 기울이고 마음을 숙여보자. 쓸쓸하고도 정겹고, 슬프고도 희망차다.

  "할머니, 아기, 장롱, 항아리, 강아지 집 / 다 데리고, 가지고 / 이사를 가면서 / 집은 그냥 두고 가더란다. / 오막살이여도 내 집이어서 / 제일 좋은 우리 집이라고 / 자랑삼을 땐 언제이고, / 다락, 툇마루, 문지방, 댓돌이 울더란다. / 미닫이문이야 속으로 울었겠지. / 이사 가는 걸 끝까지 지켜본 / 대문은 서운해서 / 열려 있는 그대로더란다. // 그래서 말인데 얘들아, / 우리 모두 함께 살러 가자. / 안마당, 부엌 아궁이 앞, 지붕 위도 좋아. / 툇마루 밑도 괜찮아. // 들깨야, 엉겅퀴야, 도깨비바늘아, / 우리가 살러 가자. / 대신 살러 가자."

【이상희】

뭐가 되고 싶냐고? 그 질문, 지겹지도 않나?

『내 꿈은 기적』 | 수지 모건스턴 글 | 첸지앙홍 그림 | 최윤정 옮김 | 바람의아이들

"이담에 커서 뭐가 되고 싶니? 사람들은 이런 걸 너무 많이 물어본다."

일고여덟 살쯤 되어 보이는 사내아이가 심드렁하게 말한다. 그러게 말이다. 어른들은 다들 왜 그런다니.

"검사, 판사, 의사, 변호사. 나는 아무렇게나 대답한다. 나도 잘 모르겠기 때문이다."

뻔한 수작이라 아이는 눈치껏 대답한다. 검사, 판사, 의사, 변호사는 모범답안이다. 모르겠다고 솔직하게 대답하면 골치 아파진다. 어른들이 천재지변이라도 일어난 양 호들갑을 떨며 그럴듯한 직업을 하나 골라잡을 때까지 들볶을 테니까. 어른은 올챙이 시절을 기억하지 못하는 개구리니까.

'무엇이 되고 싶은지' 잘 모르겠다던 아이가 진지한 고민을 시작했다. 그리고 어느 햇살 좋은 아침, 드디어 이담에 커서 '무엇이 하고 싶은지'를 깨닫는다. 아이는 자기가 눈 뜨는 시간에 해가 뜨게 하고 싶고, 바다를 뒤흔들어 파도의 합창을 듣고 싶으며, 레모네이드 한 잔으로 아픈 사람을 다 낫게 하고 싶단다. 참으로 아이답군. 미소를 지으려는 순간, 경찰이 열심히 일하게 해서 옳지 않은 일은 모두 없어지게 하겠단다. 뭐라고?

프랑스 동화작가 수지 모건스턴이 쓰고 중국계 화가 첸지앙훙이 그린 『내 꿈은 기적』은 어른을 위한 동화, 아니 블랙코미디에 가깝다. 신랄하고 다소 현학적이며 익살스러운 수지 모건스턴의 글과 호방하고 남성적인 첸지앙훙의 수묵화가 기묘한 조화를 이룬다.

'이담에 커서 하고 싶은 일'은 끝없이 이어진다. 전쟁을 끝내고 평화가 오게 하겠다. 반대하는 사람은 반드시 벌을 세우겠다. 비밀이란 비밀은 다 밝혀내서 억울한 일이 없도록 하겠다. 배고픈 이들에게는 빵을 나눠주고 헐벗은 아이들에게는 옷을 나눠주며 근심과 불

행이 사라지게 하겠다. 세상을 지혜로 채우겠다. 약속은 반드시 지키겠다. 무얼 하려는지, 왜 하려는지 아주 분명하다.

아이는 똑 부러지게 결론을 내린다.

"그러니까 내가 이담에 커서 뭐가 되고 싶은 거냐면 신이 되고 싶은 거다."

하고 싶은 일들을 하려면, 그래서 "이 세상을 지금보다 좀 낫게" 만들려면 신이 되는 수밖에 없단다. 아이쿠, 크게 한 방 먹었다.

스케일이 큰 만큼 책 크기도 웬만한 그림책 두 배다. 대범하고 거친 붓질과 수묵의 번짐을 이용하여 상징적으로 표현한 배경과 활달한 붓 선으로 꼼꼼히 묘사한 서구식 캐릭터의 조합이 낯설고도 신선하다. 태양을 공처럼 굴리고 춤추는 파도를 지휘하며 타오르는 불길을 손으로 막고 아득한 세상의 꼭대기에서 두 팔을 벌리고 선 아이는 개구쟁이 같기도 하고 전설 속 영웅 같기도 하고 신처럼 거룩하기도 하다.

아이에게 꿈이 뭐냐고 함부로 묻지 말자. 아이가 솔직하게 답하면

감당하기 힘들다. 그저 상식을 지키려고만 해도 투사가 되어야 하는 세상이다. "세상을 지금보다 좀 낫게" 만들려면 '기적'을 행해야 한다. 그래서 하는 말인데, 우리 모두 이담에 커서 신이 되자. 【최정선】

씩씩해요

『씩씩해요』 | 전미화 글·그림 | 사계절

죽음이란 존재론적인 상황이다. 선택할 수도 비껴갈 방도도 없다. 다만 묵묵히 또 온전히 받아들이는 수밖에. 따라서 죽음만큼 비현실적인 상황도 없는 법이다. 헤어짐이 아쉽고 이별조차 안타까운데, 이 영원한 단절을 어찌 현실과 순조롭게 잇댈 수 있으랴. 그래서 '죽은 자는 죽은 자들이 장사지내게 하라'고 하지는 않았을까?

아이들 또한 이를 피해갈 수 없기는 마찬가지다. 기르던 동물의 죽음을 목도해야 하며, 할아버지와 할머니를 비롯한 육친의 죽음을 앞질러 겪기도 할 것이다. 이 비현실적인 경험은 그럼에도 생생하게 현실적이다. 상상만으로도 옥죄는 듯한 고통이지만, 맞서지 않으면 안 될 경험이기는 다를 바가 없다. 마치 아무 일도 없었던 듯 무연하게 대처한다면, 아이가 홀로 감당하는 결핍은 안으로 파고들어 마음

한쪽이 공동처럼 뚫린 채 오랫동안 허청거리게 될 것이다. 그런 점에서 죽음 또한 문화적인 경험이며, 사회적인 경험이다. 함께 넘어서야 하기 때문이다.

어린이가 겪는 모든 경험은 그림책의 탐구 영역이다. 죽음 또한 다르지 않다. 굳이 존 버닝햄의 『우리 할아버지』를 들 것도 없이 우리 그림책, 전미화의 『씩씩해요』는 이야기의 단정함과 디테일의 정교함에서 뒤지지 않는다. 죽음과 현실의 문제를 은유나 상징이 아닌, 있는 그대로의 생활로 포착하고자 한다는 점에서도 훨씬 더 직접적으로 아이들에게 말을 건다.

『씩씩해요』의 이야기는 1인칭 화자의 시점, 아이의 말로 되어 있다. 물론 그림책의 시점은 글의 시점에 그치지 않고, 말하는 서술자 또한 장면으로 담겨진다는 점에서 중층적이다. 글이 들려주는 이야기와 그림이 보여주는 이야기의 불일치는 1인칭 시점에서 특히 묘한 긴장을 불러일으킨다. 서술의 제한을 넘어 독자는 더 많은 정보를 마주치며, 해석의 가능성을 적극 활성화해야 한다. 더욱이 이 그림책은 인물들을 정확하게 묘사하지 않는다. 커다란 세계 속에 아주

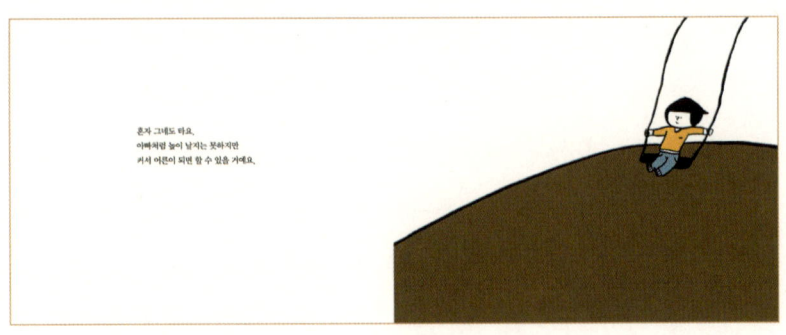

 작은 존재로 인물을 던져놓고 점과 선으로 모습을 담아낸다. 인물의 표정이나 내면은 독자의 능동적인 참여를 통해 채워져야만 한다. 넓게 펼쳐진 화폭, 간결한 글, 굵고 뚜렷한 외곽선, 고정 시점에 의해 엄격한 거리를 유지하는 시선의 객관성 등을 통해 경험이 주는 압도적인 고통을 결코 주관적으로 윤색하지 않는다. 울음을 지우고 고통을 배제한 채 단순함 속에 인물들의 삶을 기록할 따름이다.
 그럼에도 그림책은 결코 냉혹하지만은 않다. 함께 산행을 하고 마침내 정상에 오른 엄마와 아이는 나란히 오도카니 앉아 있다. 이 화면 또한 등을 보여줄 뿐, 작가는 오지랖 넓은 개입을 극구 억제한다. "우리 둘이 씩씩하게 사는 거야"라는 엄마의 말에도 불구하고, 두 인물의 앞에는 각기 다른 빛깔의 산들이 서로 다른 높이로 아득하게 가로막고 서 있다. 그럼에도 어깨를 안고, 허리를 감싸는 두 인물의 몸은, 손은 잇닿아 있다. 이 가느다랗게 이어진 손이야말로 상실과 결여를 건너는 그들의 방식인 셈이다. 그 잇닿은 손이 혼자 밥을 먹고, 엄마의 찻잔을 정리하고, 그네를 타고, 운전을 하며, 망치질도 하게 만드는 힘이 되는 것이다. 그리고 이들 화면에도 텅텅 빈 여백은

압도적인지라, 힘겨운 애틋함을 낙관으로 뒤덮고 있지 않음은 물론이다.

　나는 이 그림책을 좋아한다. 어설픈 계몽의 목소리를 덜어내고, 무엇보다 경험을 객관화하는 품격이 있어 좋다. 그림책 또한 어린이문학만은 아니지만 어린이를 향한 예술이다. 그리고 예술은 어디까지나 감정을 드러냄으로써 공감을 강요하거나 유도하지 않아야 한다. 어린 독자들이 스스로 책 속 인물의 감정 속으로 뚜벅뚜벅 걸어 들어갈 수 있게 만들어야 한다. 스스로 문제를 해결하는 어린 인물은 책 속에도 물론이거니와 책 밖에도 의당 있어야 하기 때문이다.

【김상욱】

목판화로 그린 책에 대한 순정

『책나무』| 김성희 글·그림 | 느림보

손에 책이 쥐여 있지 않으면 초조하다거나, 죽는 방법을 고른다면 책에 깔려 죽겠다거나, 책을 이불 삼고 병풍 삼을 정도는 아니지만, 그래도 인간이 만든 것 가운데 가장 마음에 드는 건 책이라고 자신 있게 말할 수 있었다. 만지기 전에는 손을 씻고, 읽고 나면 독서일기를 쓰고, 계절이 바뀔 때마다 먼지를 떨고 바람을 쐬어주지는 않았지만 나름대로 책을 아꼈다.

그러나 지금 책 만드는 일로 밥벌이를 하는 나는 책을 보면서 그 책을 만들자고 베어낸 나무들을 떠올릴 때가 많다. 걸음마 겨우 뗀 꼬맹이들이 스마트폰과 컴퓨터를 가지고 노는 세상에 책은 무슨 책 하며 한탄도 한다. 누구나 책의 위기를 말하고 책의 미래와 가치에 대해 미심쩍어하는 오늘, 책에 대한 믿음과 애정을 천진하게 고백하는 그림책을 읽는다.

『책나무』는 책에 대한 책이며 책 읽기에 대한 책이다. 이야기는 나뭇결이 고스란히 살아 있는 따뜻한 주황빛 책장들이 가득한 방에서 시작된다. 한 아이가 책장에서 책을 꺼낸다. 아이는 소파에 편안히 자리 잡고 앉아 책을 열심히 읽는데, 책 속에서 연둣빛 새싹이 배죽 고개를 내민다. 아이는 약간 놀란 듯 하지만 이내 그 싹을 마당에 정성스레 심는다.

싹은 무럭무럭 자라 가지를 뻗고 아름드리나무가 되고 무성하게 잎이 돋는다. 나뭇잎은 짐작대로 모두 책이다. 책들은 팔랑거리며 아이를 부르고, 아이는 나무 위로 올라가 '책나무'에 열린 수많은 책을 즐겁게 읽는다.

어느덧 책들이 갈색으로 물들고 열매가 맺힌다. '책열매'가 무르익어 터지는 순간은 마치 불꽃놀이 같다. 잘 여문 씨앗들이 별처럼,

흩날리는 꽃잎처럼 온 세상으로 퍼져나간다. 무척 아름답게.

글은 없다. 연두·주황·갈색, 3색의 담백하고 정갈한 목판화뿐이다. 호들갑도 없고 눈요깃거리도 없고 파격도 없다. 비유는 명료하며 에두르지 않고 돌진한다. 책에서 싹이 트고, 나무가 자라고, 열매를 맺고, 씨앗이 퍼져나가고 또다시 새싹이 텄다. 아이는 이 모든 과정을 보았고 겪었고 즐겼다. 무엇이 더 필요할까.

작가는 더할 수 없이 말간 얼굴로 우직하게 책에 대한 자신의 순정을 펼쳐 보인다. 컴퓨터그래픽으로 금세 목판화 '효과'를 낼 수 있는 세상에서 수고롭게 나무를 깎고 새기고 찍었다. 수십, 수백 번의 손길로 매만진 선들의 정겨움, 나뭇결과 종이의 따뜻한 질감에 책의 몸과 마음이 고스란히 담겼다.

지금 내 눈앞의 책에서도 새싹이 돋아나기를, 그 싹이 가지가 무성하고 그늘이 넉넉한 아름드리 '책나무'가 되기를, 제발.【최정선】

· 한 걸음 더 ·
우리가 사는 세상이 이 속에 다 있네

어둡고 무거운 책도, 경쾌하고 발칙한 책도 저마다의 이유로 읽는 우리를 불편하게 만든다. 외면하고픈 일을 집요하게 들이밀고, 무심코 지나치던 일을 미심쩍은 눈으로 보게 하고, 해답 없는 질문을 떠올리게 하는 책이다. 게다가 쉽게 잊히지도 않아 우리를 더욱 불편하게 만드는 책이다. 바로 그 책들이 우리가 지금 어디에 서 있는지를 묻는다.

흑백의 대비가 강렬한 표지, 깎아지른 벼랑처럼 가파른 검은 장벽이 눈길을 잡는다. 그리고 붉은색 한 글자, 섬.
"어느 날 아침, 섬사람들이 해변에서 한 남자를 발견했습니다. 파도와 운명이 남자가 탄 뗏목을 그곳으로 이끈 것입니다."
작은 뗏목 하나와 지치고 무력해 보이는 남자.

가을 · 181

"남자는 그들과 같지 않았습니다."

『섬(아민 그레더 글·그림, 김경연 옮김, 보림)』은 이렇게 시작된다.

그들이 등장한다. 우람한 덩치의 섬 사내들은 남자를 당장 쫓아내려 든다. 어부가 반대한다. 풍랑에 휩쓸려 죽을 게 뻔하니 양심상 그럴 수는 없다고. 뜻을 이루지 못한 사람들은 남자를 외떨어진 빈 염소 우리에 가두고 문에 못질한다. 그러고는 일상으로 돌아간다. 마치 아무 일도 없었다는 듯, 지금까지 살던 그대로. 그러나 배고픔을 못 이긴 남자가 우리를 탈출하면서 소동이 벌어진다. 다시 남자를 가두고도 사람들은 불안하다. 발바닥의 티눈처럼, 손톱 밑의 가시처럼 자신들의 삶에 끼어든 이방인을 참을 수가 없다. 아무런 위협도 되지 않는 남자를 제물로 삼아, 어른은 아이에게 겁을 주고, 여자들은 외출을 꺼리고, 교장은 야만인 때문에 미풍양속을 해친다고 떠들고, 경찰관은 마을 사람들의 목숨이 위태로워졌다고 호들갑을 떤다. 저마다 상상 속의 피해에 대해 떠들어대면서 서서히 눈먼 공포가 섬을 뒤덮는다.

낯선 이를 향해 아무렇지도 않게 가하는 폭력과 증오. 마음속의 장벽과 집단의 폐쇄성이 실체 없는 공포로, 집단 광기로 번져나가는 과정이 놀랍도록 생생하다. 아민 그레더는 에두르지 않는다. 마주하고 싶지 않은 현실, 외면하고 싶은 진실을 정조준 해 우리 심장에 치명상을 입힌다. 심장이 멎을 듯 묵직한 둔통이다. 오노레 도미에와 뭉크, 케테 콜비츠를 연상시키는 두렵고도 매혹적인 그림은 가슴 깊은 곳에 화인처럼 찍힌다. 2002년 독일에서 처음 출간된 이래 세계 곳곳에서 뜨거운 반응을 일으킨 문제작. 놀랍게도 이 책의 부제는 '일상적인 이야기'다.

『섬』이 집단의 폭력성에 대해 보여주었다면, 『적(다비드 칼리 글, 세르주 블로크 그림, 안수연 옮김, 문학동네)』은 국가 폭력의 현장인 전쟁터에 던져진 병사를 통해 전쟁의 본질을 깊이 성찰한다.

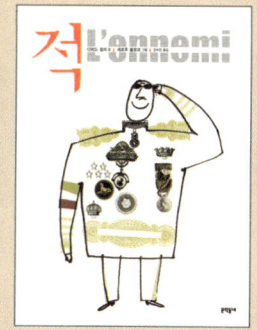

황량한 들판에 참호가 두 개 있다. 참호 안에는 병사가 숨어 있다. 그들은 서로 적이다. 병사는 아침마다 한 번도 본 적 없는 상대를 향해 총을 쏜다. 그리고는 온종일 참호에 숨어 상대가 머리를 내밀기만 기다린다. 적도 마찬가지다.

그러나 병사는 적을 자신과 다르다고 생각한다. 적은 잔인하고 일말의 동정심도 없다. 적

은 여자와 어린아이들을 아무 이유 없이 죽였다. 그 때문에 전쟁이 벌어졌다. 전쟁이 시작되던 날, 무기와 함께 받은 전투 지침서에 나온 말이다. 적이 우리를 죽이기 전에 우리가 먼저 죽여야 한다. 그들은 우리를 죽이고 우리 가족도 절멸시키고 그래도 만족하지 않아 개를 죽이고 동물을 죽이고 나무를 불태우고 물에 독을 탈 것이다.

"적은 인간이 아니다."

병사는 죽음의 공포와 배고픔과 외로움에 지친다. 이 지긋지긋한 악몽 같은 전쟁은 끝나야 한다. 그래도 자기가 먼저 끝낼 순 없다. 그러면 적이 자기를 죽일 테니까. 적이 먼저 전쟁을 포기해야 한다. 그러면 자신은 총을 쏘지 않을 테니까.

"나는 인간이니까."

이 책은 전쟁터에 던져진 개인을 아주 섬세하게 공들여 묘사한다. 병사가 느끼는 두려움과 외로움, 의혹과 자기 합리화, 그리고 깨달음의 순간을 세밀하게 묘사한다. 그렇게 이 책은 '적'이 아닌 '인간'을 그려내고 고발 대신 성찰을 택한다. 감성적이고 철학적인 글과 의표를 찌르는 그림이 어우러지니 울림이 더욱 크다. 훈장을 잔뜩 달고 피에 물든 손으로 경례하며 웃는 지휘관과 긴장한 얼굴로 질서 정연하게 대오를 갖춘 병사들. 얼핏 똑같아 보이는 수백 명의 병사 가운데 한 명, 그 한 명은 꽃 한 송이를 입에 물었다. 그리고 맨 뒷장에, 대오를 이탈한 두 명, 두 개의 빈자리가 보인다. 의미심장하게도.

『모르는 마을(다시마 세이조 글 · 그림, 엄혜숙 옮김, 우리교육)』은 전복

적인 상상력이 돋보이는 그림책이다. 소풍 가는 날, 주인공은 늑장을 부리다가 버스를 놓쳤다. 그래도 금방 뒤이어 오는 버스를 잡아타고 한숨 돌리는데, 아무래도 버스가 이상하다. 다른 길로 간다. 아이는 '모르는 마을'에서 내린다.

아이는 길을 따라 걷는다. 걷다가 무심코 발밑을 보니 이게 웬일, 민들레들이 줄지어 걷고 있다! 길가에는 풀 대신 작은 새들이 돋아나 지저귄다. 시냇물에서는 바나나와 파인애플과 망고가 헤엄치고, 밭에서는 소와 돼지와 물고기가 자란다. 사람들

은 자동차 대신 커다란 공벌레를 타고, 공벌레가 둥글게 몸을 말면 마치 쇠똥구리라도 된 양 공벌레를 굴린다. 여치는 헬리콥터만큼이나 크고, 건물은 버섯, 죽순, 양파 따위 채소다. 배고픈 여치가 수박 건물을 뜯어먹으니 수박씨처럼 차곡차곡 박혀 있던 사람들은 재난 영화라도 찍듯 황급히 달아난다. 세상의 주인인 양 으스대던 인간들, 제대로 체면을 구겼다.

다시마 세이조가 그려낸 뒤집힌 세상은 도발적이고 발칙하고 활기차다. 특유의 밝고 화려한 색채와 거침없이 죽죽 뻗은 힘찬 선들이 이 낯선 세상을 꿈틀거리는 생명력으로 가득 채운다. 아이는 가

로수에게 도시락을 빼앗기고(가로수는 커다란 개다), 햄버거가 고양이 화분을 파는 햄버거 가게를 빠져나와, 거대한 호박 모양의 '민들레 레스토랑'에 들어선다. 그리고 수프 그릇에 담겨 민들레에게 먹힌다! 민들레가 아이를 삼키고, 맛이 없다는 듯 뱉어내고, 아이가 솜털에 실려 하늘을 나는, 연속된 세 장면은 단연 압권이다. 화면 밖으로 튀어나올 듯 분출되는 에너지와 왠지 모를 통쾌함에 가슴이 시원하다. 그러나 뒷맛은 아리다. 아이는 민들레 솜털에 실려 집으로 돌아온다. 태어날 때처럼 실오라기 하나 걸치지 않은 알몸으로.

제목부터 심란한 『금붕어 2마리와 아빠를 바꾼 날(닐 게이먼 글, 데이브 맥킨 그림, 윤진 옮김, 소금창고)』은 부모라면 마음 편히 보기 어려운 책이다. 엄마가 외출한 날, 꼼짝 않고 신문만 읽는 아빠 옆에서 여동생 괴롭힐 궁리를 하던 아이. 녀석은 친구가 가져온 금붕어 두 마리에 홀딱 반한다.

빨갛고 반짝반짝 빛나는 금붕어다. 아이는 친구가 탐낼 만한 물건과 금붕어를 바꾸려 하지만 친구는 변신 로봇도 야구 카드도 책도 모두 싫단다. 그러자 아이는 기막히게 '멋진 생각'을 해낸다. 그래, 아빠랑 바꾸자!

소설가이자 그래픽노블 작가로 널리 알려진 닐 게이먼은 이렇게 기발하고 쾌씸한 제안으로 독자를 기함하게 만든다. 그런데 친구의 대답은 더욱 기막히다. 금붕어는 두 마리인데 아빠는 한 명이니 불

공평하단다. 아이는 진땀을 빼며 친구를 설득하여 겨우 교환에 성공한다. 사진 콜라주와 드로잉, 페인팅, 만화 기법 등을 뒤섞은 컴퓨터 그래픽이 거칠고 실험적이며 다소 산만한, 그러나 이 도전적인 이야기에 꼭 어울리는 세계를 구축해낸다.

집에 돌아온 엄마는 펄펄 뛰고 아이는 아빠를 되찾으러 나서는데, 그사이 아빠는 전자기타와 바뀌었고 고릴라 가면과 바뀌었고 토끼와 바뀌었다. 신문만 읽는 아빠는 따분하니까. 토끼장에 갇혀 신문을 읽는 아빠를 그린 장면은 기이하고도 복잡한 감정을 불러일으킨다. 토끼 주인이 말한다.

"너희 아빠는 좋은 토끼는 아니더라."

아이가 대답한다.

"원래 토끼가 아니었잖아. 아빠로는 괜찮은 아빠야."

이 아슬아슬하고 도발적인 책을 아이들은 아무렇지도 않다는 듯이 깔깔 웃으며 읽는다. 그런 아이들을 보면서 부모들은 어색한 웃음을 흘린다. 의혹이 모락모락 피어오른다. 과연 우리에게 이 그림책의 발칙한 도발을 껄껄 웃어넘길 배짱이 있을까? 이 책은 우리에게 사회학적 상상력을 요구하는 걸까?

자동차 한 대가 도로에 개 한 마리를 팽개치고 사라졌다. 개는 정

신없이 자동차를 따라가지만 소용없다. 운전자는 흘깃 한번 돌아보았을 뿐 매정하게 사라져버렸다. 한때는 사랑받았을 테지만 이제는 거치적거리는 골칫덩어리로 전락했다.

『어느 개 이야기(가브리엘 뱅상 글·그림, 별천지)』다. 섬세하고 감수성 풍부한 드로잉으로 이름 높은 가브리엘 뱅상의 그림책에서 기발한 착상이나 극적인 반전, 풍자나 해학 따위는 드물다. 가브리엘 뱅상은 주로 자신이 본 것, 느낀 것을 그린다. 스쳐 지나가는 일상, 그 찰나의 순간들을 예민하게 포착하여 사려 깊고 진실하게 그린다.

버림받은 개는 미련이 많다. 떠나간 자동차를 하염없이 바라보고, 킁킁대며 냄새를 뒤쫓고, 행여나 돌아올세라 오가는 자동차를 흘깃거린다. 도로 위를 어정거리고, 어떻게 해야 좋을지 몰라 쩔쩔매고, 이리저리 쫓기며, 갈 곳을 몰라 헤맨다. 뱅상은 담백한 연필 드로잉만으로 버림받은 개의 어긋나고 어그러진 하루를 오롯이 그려낸다.

보답받지 못하는 사랑, 버림받은 개가 느끼는 좌절감과 외로움은 천천히, 그리고 깊이 우리에게 스며들며 깊은 슬픔과 연민과 죄책감을 안

긴다. 다가오는 아이를 무작정 반기며 꼬리를 흔들어대는 개를 보려니 더욱 슬프다. 간결한 검은 선들이 빚어내는 세상은 가슴 저리게 쓸쓸하고 먹먹하다. 그러나 서쪽 하늘을 붉게 물들이다가 사라지는 저녁놀처럼 애틋하게 아름답고, 손가락 사이로 빠져나가는 바닷가 모래알처럼 여린 온기를 남긴다. 【최정선】

겨울

크리스마스트리, 우리 마을에 오네

『커다란 크리스마스트리가 있었는데』 | 로버트 배리 글·그림 | 김영진 옮김 | 길벗어린이

바쁘다. 쫓긴다. 밀린 일, 미뤄둔 일, 정리 못 한 일들이 발목을 잡는다. 후회도 하고 반성도 했건만 또다시 반복되었다. 한숨만 나온다. 요컨대 연말이다. 그래도 크리스마스가 있다. 뻔해도 반가운 날, 평겟김에 얼굴을 맞대고 별것 아닌 일에 하하호호 수선을 피우며 잠깐이나마 마음을 녹이는 날. 그날에 꼭 어울리는 그림책 『커다란 크리스마스트리가 있었는데』를 읽는다.

멋진 크리스마스트리를 꾸밀 생각에 한껏 들뜬 윌로비 씨, 이제나저제나 주문한 나무가 도착하기만 기다린다. 드디어 나무가 왔다. 곧게 죽 뻗은 키에 캉캉 스커트처럼 맵시 있게 층을 이룬 몸체, 반짝거리는 싱싱한 초록 바늘잎까지 완벽하다. 그런데 이런, 나무가 너무 크다! 나무 꼭대기가 천장에 닿아 픽 꺾인다.

자, 이제 당신이라면 어찌할 것인가? 그러니 큰 집에 살아야 한다며 한숨부터 쉰다? 다른 나무로 교환한다? 거실 대신 마당에 세운다? 거실 천장을 뚫는다? 윌로비 씨의 선택은, 나무 꼭대기를 뎅강 천장 높이에 맞춰 자른다! 자기 집에 꼭 맞는 크기가 된 나무를 보며 활짝 웃는다!

윌로비 씨가 잘라낸 나무 꼭대기는 윌로비 씨네 집 다락방에 사는 애들레이드 양에게 넘어간다. 애들레이드 양은 트리를 탁자 위에 놓을 생각인데, 나무는 이번에도 너무 크다. 애들레이드 양 역시 꼭대기를 뎅강 자른다. 나무 꼭대기는 다시 정원사 팀 아저씨네 집으로 넘어갔다가, 숲속에 사는 곰네 집을 거쳐, 여우네 집을 거쳐, 토끼네 집을 거쳐, 생쥐네 집에 다다른다.

그사이 윌로비 씨네 집 거실에, 애들레이드 양의 탁자 위에, 정원

사 팀 아저씨네 창가에, 곰네 집 벽난로 위에, 여우네 집 서랍장 위에, 토끼네 집 벽난로 위에 저마다 꼭 어울리는 크리스마스트리가 놓였다. 마침내 노란 치즈별을 달고 생쥐네 집 한복판에 자리를 잡는 마지막 나무 꼭대기. 그리하여 모두가 크리스마스트리를 갖게 되었다는 흐뭇한 이야기다.

옛이야기를 닮은 반복 구조의 단순 명쾌한 이야기에 소박하고 익살맞은 카툰풍의 그림이 썩 잘 어울린다. 나무 하나가 일곱 개의 크리스마스트리로 변하는 과정은 놀라울 정도로 자연스럽다. 나무 꼭대기가 이 집 저 집으로 옮아갈 때마다 살금살금 커진 덕분이다. 잘려나간 나무 꼭대기가 저절로 자랄 리는 없지만, 작가는 바로 이 방법으로 '내겐 너무 큰 나무'에서 잘라낸 '없어도 되는 작은 나무 꼭대기'가 다른 이에게는 '멋지고 예쁜 나무'이자 다시 '내겐 너무 큰 나무'가 되는 아름다운 마법을 깔끔하게 성공시켰다.

　잘라낸 나무 꼭대기는 저절로 움직인다. 다들 그저 넘치는 걸 내놓았을 뿐 딱히 선심을 쓴 것도 아니다. 필요 없으니 내놓았고, 필요하니 가져갔다. 그것만으로도 족하다. 이것이 바로 이 간결하고 경쾌한 그림책이 우리에게 전하는 의미심장한 메시지다. 그러니 거기 당신, 움켜쥔 손 좀 푸시지. 딱히 힘들 것도 없는데.【최정선】

내 마음에 안긴 북극곰 두 마리

『까만 코다』 | 이루리 글 | 엠마누엘레 베르토시 그림 | 북극곰

북극곰은 특별한 상징을 여러 가지 달고 있는 복잡한 동물이다. 지구온난화로 북극의 얼음이 녹아내리는 통에 서식지도 먹을 것도 줄어들어 위기에 처한 상황이 전해지면서, 인간의 탐욕에 의한 환경 파괴의 대표적 희생자로 자리매김해 있다.

다른 한편으로는 자본주의 표상으로 여겨지는 한 콜라 CF의 메인 캐릭터로 채택되는 바람에 그 희생자 이미지에 콜라 색깔 얼룩이 묻어버렸다. 인류의 종말을 그린 묵시록적이고 장엄한 어떤 영화가 새로운 희망을 그리려 작정한 장면에 이 북극곰이 등장하면서, "뭐야, 콜라 광고야?"라는 실소가 여기저기서 나오게 만들 정도로 막강한 얼룩이.

그러니 어떤 미디어에서 북극곰을 보면 긴장부터 하게 된다. 이 이미지에서는 무엇을 읽어야 하나, 의도된 바와 왜곡된 바는 무엇일까를 계산하게 된다.

북극곰을 그린 그림책 『까만 코다』에도 이 계산기를 작동시키려던 나는, 곧 부끄러워하면서 포기하고 말았다. 이 글과 그림은 그냥 있는 그대로 받아들이자, 손톱 세워 그럴듯한 의미를 파내려 하지 말고, 표면상의 안도감과 사랑스러움을 즐기자. 그런 무장해제의 힘이 이 그림책에는 있다.

이야기는 단순하다. '새하얀 북극곰 마을에 시커먼 옷을 입은 사냥꾼 보바'가 나타난다. 북극곰의 하얀 털은 눈 속에서는 완벽한 위장색이지만, 까만 코가 문제다. 엄마 곰과 아기 곰의 까만 코를 발견한 보바는 쾌재를 부르며 총을 겨누는데, 코가 하나씩 사라진다. 엄마가 아기를 품에 안아 하나, 아기가 엄마 코를 가려주어 또 하나. 때마침 휘날린 눈보라가 엄마와 아기를 완벽하게 숨겨준다. 보바는

총을 내려놓고 머리를 긁적긁적. 하는 수 없이 무거운 총을 질질 끌면서 눈보라 속으로 사라진다.

사냥꾼에게는 생계가 걸린 일이고 곰들에게는 목숨이 달린 일인 사냥이 소재이지만, 이 책 속의 사냥은 귀여운 아이들의 역할놀이 같기만 하다. 곰들의 사랑스러운 모습도 그렇지만, 이름만큼이나 어수룩하고 우스꽝스러운 사냥꾼의 생김새와 자세 덕분이다. 이 세 캐릭터의 얼굴에 공통적으로 찍혀 있는 연지는 그들 사이에 적으로서가 아닌 친구로서의 연결감을 만들어낸다. 부드러운 선과 색채, 간결한 글에 담긴 리듬감도 그 친화력을 거든다. 그리하여 환경 파괴에 대한 우려나, 잔인한 사냥에 대한 분노나 멸종되어가는 북극곰에 대한 걱정이 아닌, 다른 감상들이 생긴다.

마지막 페이지의 두 곰이 보여주는, 기도하는 자세에서 나오는 숙연함 같은 것이 그것이다. 생명 그 자체를 위한 간구와 그 위로 내리는 '축복'에 저절로 함께 손이 모아진다. 날 선 세상일에 휘둘려 거칠게 솟아오른 마음이 가라앉는다. 엄마 곰과 아기 곰이 살았으니 기쁘고, 그 위로 축복처럼 하얀 눈송이들이 내려오니 아름답다. 이런 마음을 주는 그림책을 볼 수 있으니 고마운 일이다. 【김서정】

참 잔잔한 후회

『뻬비 이야기』 | 송진헌 글·그림 | 창비

우리 그림책은 아직도 갈 길이 멀다. 그림이 아름다우면 글이 못 미치고, 글이 아름다우면 그림이 부족하다. 글과 그림이 다 멋진 경우에도 그 둘이 이루어낸 이야기가 회고적이거나 짐짓 표피적이다. 그럼에도 우리 그림책은 글, 그림, 이야기 등등이 저마다 따로 열심히 약진하는 중이다. 눈을 동그랗게 뜨고 기다려봄직하다.

그런 작품 가운데 하나가 송진헌이 쓰고 그린 『뻬비 이야기』가 아닌가 싶다. 2003년에 출간되었으니 벌써 10년이 지난 책이다. 그림에도 제대로 평가받지 못했으며, 아쉽게도 먼지 속에 숨은 책이 되고 말았다. 채색을 배제한 연필 선만으로 형태를 잡고, 음영을 더한 책이다. 색을 배제함으로써 그림은 현실감을 덜어내는 대신 마음속에 갇힌 이야기를 되살려내는 음울한 독백의 효과를 적절하게 살려

냈다. 그리고 글 속에 담아내지 못한 마음의 결이 출렁이는, 넓게 자리 잡은 여백 또한 그림의 울림을 증폭시킨다.

　글의 주제 또한 만만치 않다. 우연히 숲에서 '삐비'라는 아이를 만난 서술자는 둘도 없는 사이로 오랜 시간을 함께 보낸다. 말은 많이 없어도 숲의 신비와 평화 속에서 두 아이는 단단히 하나로 묶인다. 그러나 학교에 입학하게 되면서 모든 것이 뒤틀린다. 학교라는 사회적 공간은 이 둘의 관계를 가만히 두지 않는다. 아이들은 삐비를 따돌리고, 삐비와 가까운 자신마저 따돌리려 든다. 삐비는 속면지에 그려진 회초리 같은 나뭇가지로 쉼 없이 자기 머리를 때리는 아이기 때문이다. 남과는 다른 아이인 것이다. 결국 서술자인 아이의 선택은 마음이 가는 대로가 아닌, 사회적 관계망 속에서 한층 안전한 선택을 한다. 누가 그것을 탓할 수 있으랴.

　결핍이 아니라 차이라고 아무리 강변해도, 아이들 속에 감추어진 배타성은 쉽게 고쳐지지 않는다. 더욱이 학교는 계몽의 잣대만 들이댈 뿐, 애초 섬세한 울림으로 문제에 접근하지 않는다. 결국 삐비는

학교의 울타리에서 배제되고 잊혀간다. 이 그림책은 어쩔 수 없이 삐비를 건사하지 못했던 서술자의 회한이자 안타까움이 숲의 이미지와 딱딱거리는 나뭇가지로 머리를 치는 소리와 함께 끝난다.

  세상을 살다 보면 회한이 덮쳐오는 순간이 있다. 어떻게 돌이킬 수조차 없는 지점에 와서야 왜 그랬을까 또렷해지는 일들이 있다. 아이들이라고 해서 왜 없겠는가? 다만 명료하게 인식하지 못할 뿐일 것이다. 음울한 정념으로 마음속 한편에 남겨질 것이다. 어쩔 수 없었다는 자기변명과 함께. 그림책은 이 음습한 그늘에 환한 빛을 던져 이야기의 세계로 끌어낸다. 무릇 사람이 이겨내지 못할 절망이란 없는 법이라고 한다. 이야기로 드러낼 수만 있다면 말이다. 그림책 작가 역시 아이들 내면의 음울한 정념에 이야기의 빛을 던져주는 사람이다. 그의 이야기를 통해 뿌옇게 흐릿한 상태로 존재하는 아이들의 정념이 뚜렷한 좌표를 얻고, 삶의 지남으로 깊숙이 닻을 내릴 수 있다면 그림책 한 권의 몫으로는 과분할 만큼 귀한 것이 아닐까.

【김상욱】

그것이 돼지들의 마지막 외출이었습니다

『돼지 이야기』 | 유리 글·그림 | 이야기꽃

하얀 돼지 한 마리가 얼굴을 허공으로 추켜올린 채 쏟아지는 눈을 맞고 있다. 지그시 감은 눈과 살짝 미소 짓는 듯한 입이 흐뭇해하는 것처럼 보인다. 돼지 얼굴만 볼 때는 그렇다. 하지만 분위기는 그렇지 않다. 온통 까만 배경색 때문일까, 어둡고 불길하다.

책을 펼쳐 읽어나가면, 어둡고 불길한 정도가 아니라 끔찍하고 공포스럽다. 이것은 2010년 겨울 구제역이 발생했을 때 살처분(도살) 당한 332만여 마리 돼지에 관한 이야기기 때문이다. 영문 모르고 쫓겨나가 구덩이로 밀려 떨어진 돼지들이 산 채로 매장당하는 과정이 흑백의 사실적인 그림으로, 돼지의 시점에서 그려지기 때문이다.

무서운 것은 살처분만이 아니다. 돼지들이 태어나서 자라는 과정 전부가 그렇다. 어미가 핥아주거나 안아줄 수도 없는 분만 틀에서,

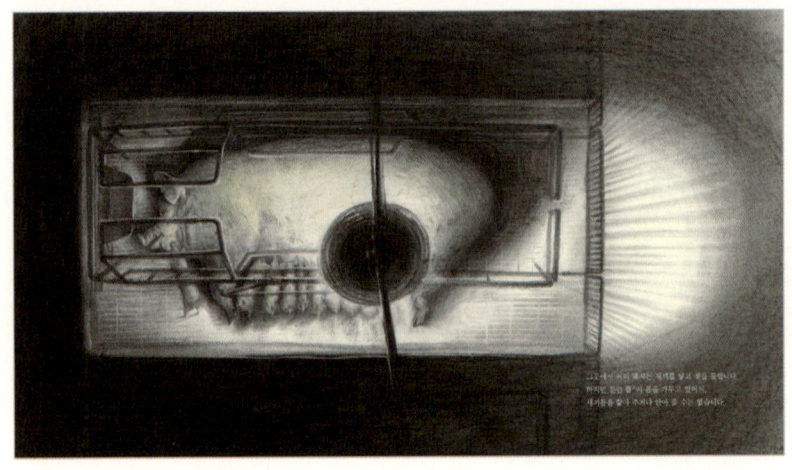

태어나자마자 이빨과 꼬리를 잘리고, 3주만에 어미와 헤어지고, 두 달만에 형제들과 헤어지고, 여섯 달 후에 생을 마감하는 돼지의 삶을 이야기하는 이 책은 읽어내기가 쉽지 않다.

  우리는 아이들이 책을 통해 간접경험을 하며 세상을 배워나가기를 바란다. 그러면서 느끼고, 생각하고, 자라고, 앞으로 나아가며, 자신과 세상을 더 낫게 만들기를 바란다. 그런데 세상을 어디까지, 어느 정도로, 어떻게 알려주어야 할까? 아이들이 어찌할 수 없는, 어른들에게 책임이 있는 힘든 문제들도 아이들 앞으로 밀어놓으며 세상을 바로잡을 책임감을 심어주어야 할까? 어린이 책을 만드는 사람들이 늘 안고 있는 고민이다.

  『돼지 이야기』는 그런 고민을, 독자 대상을 아이들이 아니라 어른으로 설정함으로써 풀어보려 한 듯하다. 살처분 현장을 정면으로 목도하게 하는 그림, 각주를 몇 개나 달아야 할 정도로 전문적인 돼지

사육 현장에 관한 보고서풍의 글을 아이들이 받아들여주기를 기대하기는 어려울 것이다. 그런데 왜 이 작가는 어른을 향한 이야기를 아이들용으로 여겨지는 그림책에 담았을까?

그것은 그림책이라는 장르가 자라고 있기 때문일 것이다. 아이들과 함께 밝은 자리에만 머무르는 것이 아니라 어른들을 향해 어두운 곳으로도 발을 내딛기 때문일 것이다. 작가의 사회적 발언을 그림책이 담아주고 그것이 더 넓은 범주의 독자에게로 전달되면서 그림책의 범주는 확장된다. 그림책이 이런 내용을 담을 수 있는지, 고개가 갸우뚱거려지는 이 책이 가진 의미다.

이래서 이 돼지 이야기가 그림책이라는 양식에 담겨야 했구나, 싶은 장면이 몇 군데서 발견된다. 영문 모른 채 바깥 공기를 즐기는 천진한 돼지의 얼굴, 꺼져가는 촛불 같은 문장 한 줄.

"돼지들에게는 그것이 처음이자 마지막 외출이었습니다."

그리고 목멘 아이러니로 아득한 희망을 보여주는 마지막 페이지 같은 것들이다. 그림책의 DNA를 확인하게 해주는 이런 장면들이 소재의 무게를 버티어낸다. 생장(生葬)당한 돼지 이야기가 성취한 성장이 슬프게 대견하다. 【김서정】

그 나라를 입속으로 거듭 거듭 읽어 본다

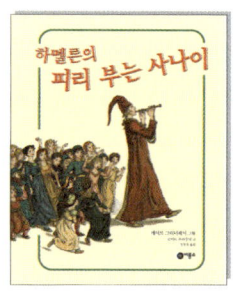

『하멜른의 피리 부는 사나이』 | 로버트 브라우닝 글 | 케이트 그린어웨이 그림
김기택 옮김 | 비룡소

 지독한 울보였던 아이는 한번 울음이 터지면 기본이 세 시간이었더란다. 기진맥진 못다 쏟은 남은 울음을 쿨럭이며 할머니께 옛이야기를 조르는 것이 그 마지막 순서였다. 그 할머니를 잃고는 책 속으로 달아나곤 했는데, 믿어지지 않는 일로 마음 쓰라릴 때 그렇게 달아나는 데가 대체로 그림책이다. 이를테면, "옛날 독일 하멜른이라는 마을은 쥐투성이었다" 같은 까마득히 멀고 먼 남의 나라 옛이야기 그림책 말이다.
 로버트 브라우닝의 서사시에 케이트 그린어웨이가 그림을 그린 『하멜른의 피리 부는 사나이』는 그림책의 고전으로 손꼽힌다. 온 마을이 쥐로 뒤덮인 재앙은 어떤 형국일까.

"쥐! 그놈들은 개와 싸우는가 하면 고양이까지 죽이고 / 요람에서 곤히 자는 아기를 물고 / 치즈 통 속에 들어가 치즈를 잔뜩 갉아 먹고 / 요리사의 국자에 묻은 수프를 잽싸게 핥아 먹고 / 절인 생선 그릇을 깨뜨려 열고 / 신사의 나들이 모자 속에 둥지를 틀어 새끼를 치고……."

마을 사람들은 견딜 수 없어서 읍장에게 달려가 대책을 세우라고 소리친다. 그때 낯선 사나이가 나타나 큰돈 천 냥을 내면 쥐를 없애 주겠다고 제안해 약속을 받는다.

낯선 사나이가 피리를 불자마자 사방팔방에서 쥐떼가 몰려든다. "쥐들은 열심히 피리 부는 사람의 뒤를 따라갔습니다 / 피리 부는 사나이는 피리를 불며 이 거리 저 거리로 돌아다녔습니다 / 쥐들은 한 발짝 두 발짝 춤추며 따라가다 / 베저 강에 이르러 / 모두 빠져 죽고 말았습니다 / 줄리어스 시저처럼 용감한 쥐 한 마리만 목숨을 구하여 / 강을 건너가서 그 일을 / 쥐나라의 고향에 전하였습니다……."

그렇게 마을은 평화를 되찾았는데, 읍장과 마을 대표들은 약속을 지키지 않는다. 피리 부는 사나이는 침울한 얼굴로 소리친다.

"나를 화나게 하면 내 피리 소리를 뒤따라오는 또 다른 무리를 보여주겠소."

약속을 지키지 않은 어른들에 의해 일어난 일은 '쥐떼 재앙'을 능가한다. 아이들, 이 집 저 집에서 밥을 먹던 아이들, 형제 자매와 즐겁게 놀던 아이들이 막무가내 거리로 달려 나간다. 큰 아이, 작은 아이, 사내아이, 여자아이는 물론 다소곳이 엄마 품에 안겨 있던 아기들이며 엄마 치맛자락을 붙든 아기들까지 음악에 이끌려 기나긴 행렬을 이룬다. 읍장과 마을 대표들은 나무토막으로 변한 듯, 한 발자국도 움직이지 못한다. 남의 아이, 자기 아이, 친척 아이, 친구 아이가 눈앞에서 줄줄이 사라져가는 것을 우두커니 바라보기만 한다.

온 마을 아이들이 일시에 사라진 이 일은, 기록으로 남기지 못하도록 금지령이 내려졌으나 사람들의 기억 속에서 기억 속으로 전해지고 있다며 로버트 브라우닝은 이야기를 마무리한다.

"사람들은 갈라진 언덕 건너편의 기둥에 / 그 이야기를 써놓았습니다 / 어떻게 아들 딸을 도둑맞았는지 / 세상에 널리 알리기 위하여 / 커다란 교회 창문에도 똑같은 이야기를 써놓았습니다."

달아난 데가 호랑이굴이라더니, 하필 그런 이야기다. 얼른 바로 옆의 그림책을 집었더니 『엄지 동자의 모험(그림 형제 글, 펠릭스 호프만 그림, 김영진 역, 비룡소)』, 이번에도 귀하게 얻은 아이가 온갖 고난을 겪고 (우여곡절 끝에 부모 품으로 돌아오지만) 소에게 먹힌다. 옛날에도 아이들 잃는 일이 많았던가. '하멜른의 피리 부는 사나이'가 아이들을 데려간 나라는 아름다운 곳이었다는 대목을 거듭 읽어본다.

"거기서는 모든 것이 신기하고 새롭지요 / 꽃도 더 고운 색으로 피어나고, / 참새도 우리 마을 공작보다 화려하고 / 사슴도 우리 마을 사슴보다 빠르고 / 꿀벌은 독침이 없고 / 말은 독수리 날개를 달고 태어난답니다······."【이상희】

아이야, '죽음'에 대해 이야기해 볼까?

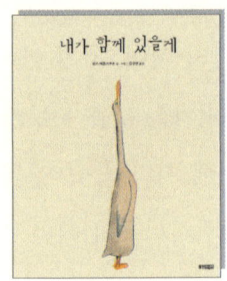

『내가 함께 있을게』 | 볼프 에를부르흐 글·그림 | 김경연 옮김 | 웅진주니어

얼마 전부터 오리는 느낌이 이상했다. 아무래도 누군가가 뒤를 밟는 것 같다.

"대체 누구야? 왜 내 뒤를 슬그머니 따라다니는 거야?"

"와, 드디어 알아차렸구나."

해골 머리에 기다란 체크무늬 옷을 입은 이가 대답한다. 손에는 검붉은 튤립 한 송이를 들었다.

"나는 죽음이야."

어이쿠! 그림책의 오프닝치고는 참으로 대담하고 인상적이다.

『내가 함께 있을게』는 독일 출신의 세계적인 그림책 작가 볼프 에를부르흐가 환갑을 앞두고 펴낸 그림책이다. 몇 해 앞서 낸 라가치상 수상작 『커다란 질문』에서 우리가 태어나 존재하는 이유를 두루

살핀데 이어, 이 책에서는 죽음에 대한 사유와 성찰을 담았다.

보통 죽음을 소재로 한 그림책들은 가까운 이와의 이별과 그로 인한 상실감과 상처를 다룬다. 살아남은 자의 슬픔을 어루만지며 그래도 삶은 계속된다고 격려하는 것이다. 그러나 이 책은 죽음이라는 철학적인 주제를 향해 곧장 나아간다. 이제껏 그 누구도 시도하지 않았던 방식으로 은근하고 대범하게, 가장 그답게.

죽음과 맞닥뜨린 오리는 화들짝 놀라 "나를 데리러 온 거냐"고 묻는다. 그러자 죽음은 오리를 다독인다. "나는 늘 네 곁에 있었노라"고, "이제야 네가 알아차린 것뿐"이라고. 놀랍게도 둘은 사이좋게 오래도록 이야기를 나눈다. 오리의 목숨을 앗을 수도 있었던 감기와 여우에 대해, 오리가 좋아하는 연못에 대해, 오리가 죽은 뒤의 세상에 대해. 생각하고, 묻고, 대답하고, 귀 기울인다. 잉마르 베리만의 영화 『제7의 봉인』에서처럼 오리와 죽음이 체스를 둔다면 차라리 덜 놀라울 것 같다.

등장인물은 오리와 죽음, 둘뿐이다. 형태는 간결해도 세부 묘사가 정확하니 표정과 몸짓이 풍부하다. 배경도 꼭 필요한 것만 있고 아예 생략한 경우도 많다. 그래도 화면은 다채롭고 흥미롭다. 온화하고 품위 있는 색감, 종이와 연필의 따뜻한 질감, 고풍스러운 콜라주가 조화롭게 어우러진다. 눈곱만큼의 군더더기도 없이 아름답다.

오리는, 솔직하고 친절한 죽음을 스스럼없이 대한다. 둘은 같이 나무에 오르고 연못에서 헤엄치고 이야기를 나누며 서로에게 스며든다. 축축한 게 싫다는 죽음에, 죽음이 추울까 봐 날개로 덮어주는 오리라니! 절로 미소가 지어진다.

　마침내 오리가 숨을 거두는 순간은 참으로 평화롭다. 몸과 마음 모두 온전히 쉴 준비를 마친 뒤에 맞는 고요함이다. 죽음은 물끄러미 오리를 바라보고, 곤두선 깃털을 매만지고, 간직했던 튤립을 오리 품에 안겨 조심스레 강물에 띄워 보낸다. 애틋하고 따뜻하다. 세상의 모든 죽음이 다 이러하다면 얼마나 좋을까.【최정선】

이 고통을 직시하라

『꽃 할머니』 | 권윤덕 글·그림 | 사계절

그림책은 어린 영유아를 위한 책이다. 아직 혼자서 책을 읽지 못하는 아이들이 엄마 무릎에 앉아, 혹은 침대에 누워 들려주는 글을 귀로 듣고 눈으로는 그림을 보는 것이 그림책의 연행 장면이다. 그러나 그림책이 꼭 어린 영유아들을 위한 책만은 아니다. 글과 그림의 결합은 더 깊은 세계, 더 넓은 세계를 담아낼 여지를 한층 더 풍부하게 만든다. 레이몬드 브릭스의 『바람이 불 때에』는 핵폭발 이후의 묵시록적 세계를 담아내며, 니콜라이 포포프의 『왜』는 전쟁의 기원에 대해 생각케 한다. 문제는 어떤 그림책인가에 따라 다른 것이지, 그림책의 본질이 무엇이라고 단정하여 말할 수는 없다.

여기 한 권의 그림책이 있다. 권윤덕이 쓰고 그린 『꽃 할머니』다. 가깝고도 먼 한중일 3국이 동아시아의 평화를 위해 그림책으로 마음을 모으자는 취지에서 만든 책으로, 이 그림책은 시리즈의 첫 번째 책이다. 제목에서 알 수 있듯, 그이가 탐구하는 인물은 식민지시대 일본군 '위안부'였던 심달연 할머니시다. 강제로 끌려가고 성노예로 착취를 당하고 넋을 놓고 사시다 겨우 정신을 차려 꽃누르미를 소일삼아 하시며 일상을 꾸려가시는 분이었다. 이 "분이었다"는 과거형은 그분이 2010년 일본의 사죄는커녕 후안무치한 외면 속에서 결국 눈을 감으셨기 때문이다.

작품은 이 분의 증언을 담담한 어조로 되돌아보고 있다. 그림은 민화에 양식에 수묵 담채를 섞고 있다. 화사한 분홍과 파랑, 노랑의 꽃들이 난분분 휘날리는 아름다움 속에 카키색의 총검을 든 군인들, 검은색 방탄모를 쓴 전투경찰까지 국가의 이름으로 역사 속에서, 현실 속에서 이루어지는 참담한 폭력들이 음화로 배면에 놓여 있다. 기록이 갖는 엄정함 속에 정서를 안으로 삼키고 있는 글과 그림은 때로는 추상으로 때로는 구상으로 그림책 표현의 최대치를 넘나들

며 확장하고 있다.

그러나 정작 이 그림책에는 글과 그림에 앞서 권윤덕이란 한 작가가 압도적으로 전면에 등장한다. 그이의 고통이, 그이의 탄식이, 눈물이 책이란 물리적 경계를 넘어 출렁거린다. 고통의 심부에 맞닿아 본 이들은 안다. 타자의 고통을 우리의 고통으로, 마침내 자신의 고통으로 체험하는 법을. 그 체험이 예술적 결을 얻어 비감에 찬 울림으로 일렁일 때, 우리 또한 한 치 비껴서지 못한 채 그 고통을 직시할 수밖에 없다.

그러나 궁극적으로 그이의 고통은 희망이다. 고통이 없는 세상을 향한 꿈이기 때문이다. 평화는 산나물이 먹고 싶으면 산나물을 뜯으러 가고, 동생과 헤어지기 싫으면 붙어 있을 수 있어야 한다. 성적 자기 결정권은 당연히 스스로 행사해야 한다. 평화는 반바지에 슬리퍼를 걸치고 하드를 빨며 저녁 산책을 할 수 있는 것이다. 그것이 내가 하고 싶은 것인 한. 그 누구도 이를 막을 수 없다. 평화는 인간이

기 위한, 모든 존재의 삶을 위한 최소한 지켜야 할 전제다. 그 꿈을 『꽃 할머니』는 꾸고 있다.

더러 어린이 문학으로서의 그림책이 무엇을 어디까지 표현할 수 있는지 자문하게 된다. 천진난만한 아름다움이 그림책 득의의 영역이기 때문이다. 그러나 그림책 또한 삶을 엿보는 창일진대, 못 담아낼 현실은 어디에도 없다. 없는 법이다. 표현의 경계, 작가의 자기 검열은 예술의 치명적인 결함일지언정, 결코 온유한 배려일 수는 없다. 진실을 향한 근본주의적 시각은 동화라고 해서, 그림책이라고 해서 완화되거나 비켜설 수 없는 것이다. 그것이 삶을 담아내는 예술이고자 한다면. 더욱이 3국이 공동으로 함께 출간하고자 철석같이 약속했음에도 여전히 이 책의 출판에 대해 밍기적거리는 일본 어린이 문학의 문화적 자기 검열이 지속되는 한.【김상욱】

나는 전쟁이 너무 피곤하다

『소년 정찰병』 | 월터 딘 마이어스 글 | 앤 그리팔코니 그림 | 이선오 옮김 | 북비

전쟁을 그린 그림책을 본다. 이런 그림책은 대체로 역사를 알려주거나(그리하여 그런 비극의 역사를 이 책을 읽는 어린이들은 되풀이하지 않기를 바란다는 마음을 담고), 전쟁이라는 현상이 얼마나 인간을 고통으로 몰고 가는지 알려주거나, 전쟁 중 얼마나 영웅적인 휴머니즘이 꽃필 수 있는지를 보여주거나(그리하여 이 책을 읽는 어린이들도 그런 휴머니즘을 갖게 되기를 바란다는 마음을 담고) 하는 데 목표가 있다. 사실 전쟁에 대해서 어른들이 아이들에게 일러줄 게 그 이상 뭐가 있겠는가.

그런데 그 이상을 말하는 그림책이 『소년 정찰병』이다. 이 책은 독자를 전장 한복판으로 끌고 들어간다. 남의 전쟁을 멀리서 넓게 바라보는 것이 아니라, 땅을 기고 '내 머리 위를 핑핑 지나가는 총알'을 느끼며 전쟁을 직접 치르게 한다. 간결하면서 때로는 시적인 정취가 물씬 풍기지만, 죽음의 공포와 전쟁에의 환멸을 너무나 강렬하게 전달하는 텍스트가 그렇게 만든다. 교전을 코앞에 둔 숨 막히는 정적의 순간을 '내 숨소리가 아침 공기처럼 부드러워진다'고 표현하는 글을 읽다 보면, '나는 눈물을 꾹 참는다'는 대목에서 눈물이 터지지 않을 수가 없다. 열일곱 살 생일에 군대에 간 작가 자신의 경험이 녹아 있다는 해설에 기대지 않더라도, 매 순간 긴장과 슬픔과 절망과 분노 같은 감정들은 겪은 사람 아니면 알 수 없었을 실감으로 독자 안에 침투해 들어온다.

그러나 여전히 이 책은 그 이상을 말한다. 한 어린 아프리카계 미국인이 베트남에서 보낸 공포의 순간을 실감나게 전달하는 것 이상의 뭔가가 있다. 묘하게도 그것은 아름다움이다. 전쟁이 아니라, 전쟁 한복판에서 혼란스러워하는 인간의 아름다움. 어떻게 이런 기분이 들지? 가만히 생각하니, 일러스트 덕분이다. 베트남 전쟁의 현장을 사람·동물·자연의 사진과 그림을 콜라주한 일러스트는 묘하게 초현실적인 분위기를 만들어낸다. 이렇게 현실에서 한 발 떨어뜨리

는 그림 덕분에 독자는 전쟁의 비극성에 감정적으로 함몰되지 않을 수 있게 된다. 그리고 지극히 절제된 문장들.

"나는 총을 든다 / 나는 사라지는 그림자를 겨눈다 / 나는 그의 적이다 / 나는 총을 내린다."

대치하고 있던 베트남과 미국의 두 소년병이 서로를 보내주는 이런 장면에서 아름다움이 흘러나온다.

"나는 이 전쟁이 정말 너무 피곤하다."

마지막 문장은 전쟁에 대한 그 어떤 피 끓는 성토보다 강렬하다. 전쟁에 대한 책을 딱 한 권만 권하라면, 나는 이 책을 권하겠다.

【김서정】

이렇게 된 이상 내가 만들지, 뭐

『빕스의 엉뚱한 소원』 | H. M. 엔첸스베르거 글 | R. S. 베르너 그림 | 한미희 옮김 | 비룡소

지금 빕스는 어두컴컴한 골방 속 빨래 바구니에 앉아 있다. 숨바꼭질을 하느냐고? 물론 아니다. 고래고래 고함을 치고 있으니까. 그럼 왜 그러고 있느냐고? 화가 잔뜩 나서 누구하고도 마주치고 싶지 않으니까. 밖에는 비가 주룩주룩 내리고 방에는 형이, 주방엔 엄마가, 거실엔 아빠가 버티고 있으니까.

어제 저녁까지만 해도 멀쩡하게 있던 자전거가 없어졌지, 가뜩이나 화나는데 자전거 간수를 못했다고 엄마한테 야단맞았지, 학교에선 선생님한테 애지중지하던 주머니칼을 빼앗겼지, 위험한 물건을 가지고 다닌다며 이상한 애 취급까지 당했지, 종일 비가 내려서 수영도 못 갔지, 게다가 숙제는 산더미다. 고막이 터져라 음악을 틀어 대는 형이랑 방을 같이 쓰는데 숙제를 어떻게 하느냐고! 그러니 빕스 입에서 이런 말이 나올밖에.

"이런 세상 따윈 없어져 버리면 좋겠어. 온 세상아, 다 사라져버려라!"

그러자 정말로 모든 게 사라졌다. 골방도 빨래 바구니도 집도 공기도 색깔도 모두 사라졌다. 아무것도 없는 텅 빈 어둠 속에 빕스 홀로 남았다. 빕스는 당황하지만 이내 정신을 차린다. 이왕 이렇게 된 거 이참에 마음에 쏙 드는 새로운 세상을 만드는 거다!『빕스의 엉뚱한 소원』은 이렇게 시작된다.

천지창조라는 통 큰 상상력을 보여주는 이 책은 매우 익살스럽다. 말 한마디면 모든 걸 만들어낼 수 있는 창조주가 되었으나 공기가 없다는 사실을 깨닫지 못해 질식할 뻔하기도 하고, 세상을 너무 작게 만들어 미끄러지기도 한다. 게다가 어찌나 고단한지. 없는 건 너무 많은데 무엇 하나 저절로 생기지 않는다. 침대 하나도 "침대야, 나와라"로 끝나지 않는다. 침대보, 매트리스, 이불, 베개, 심지어 베갯속에 넣을 깃털까지 시시콜콜 정확하게 묘사하여 일일이 불러야 한다. 한마디라도 잘못했다간 엉뚱한 물건이 튀어나와 골치 아프다. 그렇다고 예전 세상을 다시 불러올 수도 없고.

한스 마그누스 엔첸스베르거는 능청스러운 태도로 사건의 추이와 빕스의 심리 변화, 생각의 흐름을 꼼꼼하고 생생하게 묘사한다. 문학이 주는 즐거움이 무엇인지를 제대로 맛보게 해준다고나 할까. 로트라우트 수잔네 베르너는 세련된 솜씨로 이 이야기에 꼭 어울리는 오밀조밀 정교하고 위트 넘치는 이미지를 선보인다. 다양한 암시와 힌트를 품은 그림은 텍스트를 더욱 풍성하게 만든다.

이 재기발랄한 책은 놀라울 정도로 이성적이면서도 사랑스럽다. 감성 대신 이성을, 섣부른 화해나 합리화 대신 현실에서 한 발짝 물러날 수 있는 여유와 해학을 선택한 결과다. 빕스의 천지창조는 성공적이다. 덕분에 세상이 전보다 조금 나아졌으니까. 정말? 정말. 우리에게는 종종 숨어 있기 좋은 골방이 필요하다. 누구의 방해도 받지 않고 자신과 마주할 시간도, 고삐 풀린 상상력도.【최정선】

둥근 해가 떴습니다

『둥근 해가 떴습니다』 | 장경혜 글·그림 | 문학동네

"둥근 해가 떴습니다. 자리에서 일어나서~."

어린 시절 늘 부르던 노래다. 아침이면 어김없이 귓가를 맴돌던. 그 노래에 맞춰 나는 양치를 하고, 세수를 했을 것이다. 윗니 아랫니를 번갈아 닦았을 것이며, 목까지 구석구석 닦아야 함도 알았을 것이다. 여기 이 노래를 바탕으로 만든 그림책이 있다. 장경혜가 글과 그림을 도맡아 만든 책이다. 크지도 작지도 않은 정사각형에 가까운 판형, 아무렇게나 그린 듯한 해, 거침없는 붓질이 잘 드러나는 엄마와 아이로 보이는 인물 등이 표지에 담겨 있다. 엄마는 고즈넉하게 눈을 감고 있고, 아이는 웃는다. 하얀 치아를 한껏 드러내며. 붓질이 엉켜 있듯 그림의 외곽선 또한 균질적이지 않다. 전체적으로 노란 채색의 배경에도 불구하고, 황토빛의 얼굴은 그저 밝지만은 않다.

속표지에는 마를 대로 마른 아이가 몸을 가누지도 못한 채 엄마에게 기대어 간신히 해바라기를 그리고 있다. 아이의 눈에 비친 대상이 흔들리듯 여전히 색채는 불안정하며 웃음은 평화롭지 않다. 본문에서는 동그란 전구에 불이 들어오고, 아침을 맞는 가족들의 모습이 그려진다. 빛은 방 안을 가득 채우지도 못하고, 고작 자신의 언저리에만 동그란 빛을 건네줄 뿐이다. 엄마는 텔레비전을 켜고, 그 안 화면에서 아이들은 환한 웃음으로 노래를 한다. 노래에 맞춰 엄마는 아이를 씻긴다. 노래는 유치원에 가는 것으로 끝나지만 아이는 가지 못한다. 누워 있다. 여기에 이르면 글과 그림은 이제 서로 분리되고, 그림책의 글과 그림이 서로 이질적인 정보를 전달함으로써 어떻게 아이러니를 유발하는지를 유감없이 보여준다. "씩씩하게 갑니다"에 이어지는 화면에는 엄마가 아이에게 그림책을 읽어주며 마음을 나눈다. 마지막 화면에는 휠체어를 탄 아이가, 더할 나위 없이 씩씩하

게 자라는 해바라기들 속에서 해를 바라보고 있다. 이 그림책의 도드라진 아이러니는 독자에게 연민과 고통을 불러일으킨다. 원인조차 알지 못하는 '근위축증'이란 병은 가족 모두에게 그늘을 드리울 것이다. 아이의 생도 언제 멈추게 될지 알 수 없다. 이를 지켜보는 고통은 그 누구도 전혀 설명할 방도가 없다. 그럼에도 그림책은 감상적인 넋두리를 철저하게 배제한 채 있는 그대로를 담담하게 기술하고자 진력을 기울인다. 고통은 고작해야 흔들리는 선과 어두운 색으로만 드러난다. 무릇 예술은 그런 법이다. 스스로는 묵묵히 드러낼 뿐, 과장된 눈물을 결코 떨구지 않는다. 그 느낌은 전적으로 독자의 마음속에 파문을 남길 뿐이다. 이처럼 낯선 긴장으로 말미암아, 연민과 고통은 그림책을 넘어 전적으로 독자의 몫으로 남게 된다. 그럼에도 환한 해바라기들 속에서 앞으로 향하고 있는 엄마와 아이는 가던 걸음을 결코 멈추지 않을 것이다. 그 멈추지 않는 담대한 행

진에 주먹을 꼭 쥐고 응원을 보낸다. 지금도 앓고 있는 모든 어린이들에게도 함께.【김상욱】

뭉클하구나 동물들의 뜨개질

『숲 속 재봉사와 털뭉치 괴물』 | 최향랑 글·그림 | 창비

　그림책 한 권이 어린 시절의 기억 하나를 끄집어낸다. 엄마의 손끝에서 완성되던 나와 동생의 털스웨터. 그뿐이 아니다. 기억들은 줄줄이 딸려 나온다. 엄마가 들여다보던 뜨개질 교본, 그 책 속에 내 것과 똑같은 스웨터를 입고 서 있는 여자아이, 풀려나가던 스웨터와 부풀어 오르던 실뭉치, 내 두 팔 사이에 혹은 무릎 사이에 걸쳐지던 실 꾸러미의 희미한 나프탈렌 냄새…….

　사 입을 옷도, 옷을 살 돈도 흔치 않았던 옛날에 엄마들은 큰맘 먹고 산 새 실이나, 보통은 낡은 뜨개옷을 재활용한 실로 아이들 옷을 짜 입혔다. 그 옷이 얼마나 귀한지 그때는 몰랐다. 그 생각을 하는 지금은 살짝 목이 멘다.

　『숲 속 재봉사와 털뭉치 괴물』은 그렇게 살짝 목이 메게 만드는

그림책이다. 숲 속의 재봉사뿐 아니라 온갖 동물이 저마다 뜨개질거리를 손에 들고 있는 모습, 완성된 옷을 서로 나눠 입은 채 눈밭에서 노는 모습이 까맣게 잊었던 어린 시절 뜨개질에 얽힌 추억을 뭉클하게 되살려준다.

목이 메는 이유는 또 있다. 무시무시해 보이는 털북숭이 괴물 쿵쿵이가 사실은 버림받은 개였다는 것. 손질받지 못해 제멋대로 자라고 엉킨 더러운 털을 깎자 그 안에서 나온 하얗고 조그만 몸뚱이가 오들오들 떨고 있는 장면이 특히 그렇다. 버려져 떠도는 수만 마리 유기견이 눈에 밟힌다. 더 나아가자면, 정작 필요한 보살핌과 사랑을 받지 못해 분노와 좌절감으로 똘똘 뭉친 채 으르렁거리는 '문제아'들이 이 '괴물'의 모습과 겹쳐 떠오르기도 한다. 외양은 그리 뒤엉켰지만 정작 여린 속마음은 바들바들 떨고 있지 않을까. 생쥐에서 하마에 이르는 온갖 동물이 쿵쿵이를 행복하게 만들어주듯, 우리도 아이들을 다시 깨끗하고 부드럽고 활기 넘치는 모습으로 만드는 일에 동참해야 한다는 것도 작가가 하고 싶은 말일까. 가족이 둘러

앉아 뜨개질하는 시간을 잠깐씩이라도 가져본다면 행복한 아이들이 좀 더 많아질 수 있다는 것일까. 생각은 그렇게도 뻗어간다.

　전작 『숲 속 재봉사』에서 꽃과 조개껍데기와 포장지와 단추 등 아기자기한 소품들을 사용해 독특하고 사랑스러운 장면을 만들어냈던 이 작가는, 이번에는 털실에 도전해서 또 새로운 작품 세계를 보여준다. 워낙 작은 옷들을 떠야 해서 뜨개바늘 대신 이쑤시개를 사용했다니, 알록달록 뜨개옷이 등장하는 페이지들을 쉽게 넘길 수가 없다. 【김서정】

그 나무에 사는 것은

『한 나무가』| 이상희 글 | 김선남 그림 | 그림책도시

초록이 사라진다. 화단의 풀도 나무도, 길가의 가로수도, 앞산도 뒷산도. 노랗게, 발갛게, 누르튀튀하게, 불그죽죽하게, 다갈색으로, 회갈색으로 바뀌어간다. 곧 겨울이겠다. 풀이, 나무가 알려준다.

어릴 때『세계의 꽃과 전설』이라는 책을 무척 좋아했다. 다섯이나 되는 언니, 오빠를 줄줄이 거쳐 내 손에 들어온 짙은 초록색의 꽤 두툼한 양장본이었다. 활판인쇄 시절이라 글자는 꾹꾹 눌려 찍혔고 종이는 유난히 희고 얇아서 뒷장이 훤히 비쳐 보였다. 삽화라곤 펜화 예닐곱 장이 전부였고. 내용은 제목 그대로 꽃과 나무에 얽힌 세계 각국의 전설이었다. 갖가지 안타까운 사연을 안은 이들이 꽃과 나무로 다시 태어났다는 이야기. 딸에게 버림받은 할머니는 꼬부랑 할미꽃이 되어 지금도 흰머리를 풀어헤치고, 누명을 쓴 소녀는 봉숭아가

되어 살짝만 건드려도 씨앗주머니를 터트려 제 속을 다 내보이고, 고국을 배신한 왕자는 온몸에 흰 천을 둘둘 감고 스스로 구덩이에 뛰어들어 속껍질 하얀 자작나무가 되었다.

저마다 지닌 사연이 어찌나 안쓰럽고 흥미진진하고 또 그럴듯했는지. 다들 그런 까닭이 있어서 지금의 모습이 된 것이었다. 나는 꽤 오랫동안 주위의 풀과 나무를 그렇게 이해하고 연민했다. 그림책 『한 나무가』를 보니 그때가 떠오른다.

구상나무는 전나무 종류로 한라산, 지리산 등 깊은 산속에 무리 지어 자생하는 한국 고유종 침엽수다. 일제강점기에 반출, 개량되어 해외에서 크리스마스트리로 인기가 높다. 생물자원에 대한 관심이 높아지면서 또 다른 한국 고유종 '미스킴 라일락'과 더불어 유명해 졌는데 도리어 한국에서는 환경 변화로 보전 대책이 시급하단다.

이상희가 쓰고 김선남이 그린 『한 나무가』는 구상나무에서 별을

읽어낸다. 그러니까 구상나무의 사연은 별이다. 책은 처음부터 끝까지 깊은 산속에서 조용히 자라는 구상나무 한 그루, 그저 한 그루 나무를 찬찬히 보여준다. 공손하고 정성스럽게, 넘치지도 모자라지도 않게. 햇살 속에서, 어둠 속에서, 눈비를 맞으며, 바람에 흔들리며, 고요히 제 몫의 삶을 사는 나무 한 그루.

작가는 그 나무에 별을 좋아하는 나무라고 이름 붙인다. 낮에는 별을 생각하고, 밤에는 별빛에 잠기는 나무. 그래서 별을 품은 나무. 그러니 그 나무가 뾰족뾰족 내미는 새잎은 반짝반짝 초록별 같고, 씨앗은 별빛처럼 퍼져나가 땅을 빛내는 초록별이 될밖에.

정갈하고 담담한 그림이 새벽빛처럼 그윽하게 가슴속에 스며든다. 머릿속이 맑아진다. 하늘에는 별이, 땅에는 나무가 있다. 나무는 올려다보고 별은 내려다본다. 잠시 잊었던 고요하고 아름다운 세상이다. 초록이 사라지는 지금, 여전히 남아 있는 초록을 본다. 【최정선】

당산 할매에게 보내는 엘레지

『당산 할매와 나』 | 윤구병 글 | 이담 그림 | 휴먼어린이

낡은 것은 단정하지 않다. 옷은 소매가 너덜거리고, 차는 몸체가 덜컹거린다. 책은 색이 바래고, 삭아 바스라지기도 한다. 몸도 낡으니 머리숱이 빠지고, 주름은 깊어지며, 뼈도 군데군데 시큰거린다. 그러나 이 모든 낡은 것들은 사실 오래된 것들이기도 하다. 오래 묵은 것들이다. 그리고 모든 오래된 것들에는 시간이 녹아들어 있고, 당연 시간이 빚어낸 이야기가 담겨 있다.

당산나무가 있다. 몇 백 년 동안 마을을 내려다보며 사람들과 산언덕을 지켜온 나무들이다. 사방 산과 언덕으로 둘러싸인 우리네 마을에는 어디에나 마을 끝 산자락에 당산나무가 있었다. 사람들은 나무 앞에서 한 해 삶의 따스한 자리를 갈급하며 제를 올렸고, 나무 곁에 주저앉아 마을과 마을에서의 사람살이를 애틋하게 굽어본 다음 엉덩이를 털며 다시 일어서기도 했을 것이다. 아이들은 그 우람한 둥치를 타고 놀며 잔뼈를 굵게도 키웠으며, 멀리 떠나 있다 돌아왔을 때 맨 처음 반기던 것도 변함 없이 자리를 지키고 있던 당산나무였을 것이다.

대학의 철학교수직을 마다하고 홀연 농촌공동체를 일구겠다는 윤구병 선생 또한 변산의 볕 잘 드는 농촌 마을에서 한 그루 당산나무를 만난다. 선생은 이 나무를 보는 순간, 삶의 모든 곡절을 고스란히 늙고 오래된 제 몸에 아로새긴 '할매'를 본다. 옹이와 생채기로 가득 차고, 둥치마저 헛헛하게 빈, 키는 조금씩 줄어든 당산 할매는 어김없이 그의 할매이며, 우리 모두의 할매다. 선생은 하여 마침내 떠나지 못해, 그 곁에 둥지를 틀고 공동체를 일구어야겠다고 생각한다.

이 그림책은 윤구병 선생이 시골 마을을 지키고 선 당산 할매를 만나고, 그이와 함께 계절을 나고, 함께 마을과 학교를 이루고, 마침내 할매를 떠나 다시 홀로 새로운 길 위에 서는 이야기를 담고 있다. 넓은 화폭 속에 그림 작가 이담은 이 할매의 형상과 함께 윤구병 선

생의 마음 속 표상으로 존재하는 형상까지 정밀하게 부조시켜낸다. 갈색을 주조로 펼쳐지는 그림책은 하루의 변화, 계절의 변화, 세월의 변화에 맞게 당산 할매와 함께 할매와 하나를 이루고 있는 풍광과 사람을 깊이, 곡진하게 표현하고 있다. 왁스페인트를 녹여 덧칠하고, 날카로운 철편으로 거듭 긁어내는 거친 기법의 질감은 섬세한 세부의 복원과는 거리가 멀다. 그러나 이담의 뜨겁고 생생한 붓질은 기법 전체가 재현의 대상과 조응하는 가운데 다소 넓은 시야로 보면 그 어떤 회화에 못지 않은 입체감과 깊이를 너끈히 전달하고 있다. 더욱이 그림책을 펼치며 마주치게 되는 화면은 그 자체로 독립적인 그림이 됨은 물론이거니와 화면을 이어갈수록 응집과 확산, 집중과 이완 속에서 읽는이로 하여금 느꺼운 정서적 출렁거림을 경험하게 만든다.

나는 이 그림책이 우리 아이들의 세계를 담고 있다고는 생각지 않는다. 우리 아이들이 몸 담고 있는 세계는 낡고 오랜 공동체와는 대척에 놓인 자본의 세계이기 때문이다. 당연 자본은 오래된 것과는 상극이다. 자본은 새것을 전적으로 선호한다. 그것이 이른바 상품이 되기 때문이다. 그런데 오래된 주제에 턱하니 기품을 지니고 있고, 장엄한 존재감으로 외경을 불러일으킬 때, 자본이 느낄 불쾌감은 이루 다 말할 수 없을 것이다. 더욱이 그 존재가 살 수도, 팔 수도 없는 할매와 같은 당산나무일 때에야. 그러나 자본이 느낄 그 불쾌함 때문에라도 오히려 이 그림책이 우리 아이들의 손에 놓여야 하는 것은 아닐까. 그것이 자본과 맞서는 흔치 않은 길 중 하나이기에.【김상욱】

아이의 시선으로 사회를 꾸짖다

『레스토랑 Sal』 | 소윤경 글·그림 | 문학동네어린이

미래를 다룬 영화에 나올 법한 공간을 배경으로, 한 여자아이가 차를 타고 달린다. 아이가 엄마의 손을 잡고 들어선 곳은 호화로운 레스토랑.

"문을 여는 순간 당신은 어디서도 맛볼 수 없는 시간을 보낼 것입니다. 기대하셔도 좋습니다."라는 텍스트가 격식을 갖춘 레스토랑의 그림과 멋들어지게 어울린다.

그러나 그 멋진 글과 그림은, 왠지 차갑고 위압적이고 불편한 느낌을 준다. 그리고 채 석 장을 넘기지 않아 그것이 섬뜩한 빈정거림이었음을 밝힌다. 갖가지 요리는 먹음직스럽기는커녕 역겨워 보이고, 음식을 탐하는 사람들의 클로즈업된 입은 기괴하다.

화장실에 갔던 아이가 이상한 나라로 간 앨리스처럼 고양이의 뒤를 따라 떨어져 내려간 지하에는 곰부터 거북, 뱀, 개, 토끼, 쥐 같은 온갖 동물이 철창에 갇혀 있다. 그리고 산 채 조리대로 옮겨진다. 주사기를 들고 그 신선한 재료로 다가가는 요리사는, 예기치 않은 상황에는 엽총으로 대응하는 순발력까지 발휘한다. "최상의 컨디션으로 관리되는 행복한 재료"가 "오랜 연구 끝에 얻어낸 정확한 데이터와 엄격한 과정을 거쳐" "천상의 세계" 같은 요리로 탄생하기까지의 과정은 그렇게 소름 돋는 디스토피아의 풍경 안에서 펼쳐진다.

　철창에 갇힌 동물들을 필사적으로 구출한 아이가 그 동물들과 함께 닿은 곳은 식탁에 놓인 접시 위. 날카로운 포크와 나이프가 걸쳐진 채 약간의 찌꺼기가 남은 빈 접시만 남겨진 마지막 장면은 예상치 못한 충격을 준다. 우리의 무절제와 탐욕이 지구를 병들게 하고 좀먹어 들어간다는 말보다 더 무서운 경고, 그것이 우리 아이들과

미래를 삼키리라는 메시지를 작가는 거침없이 던지는 것이다.

『레스토랑 Sal』은 우리 그림책의 주제와 소재, 표현 방식과 기법이 어디까지 넓혀지고 있는지를 보여준다. 이제 우리 그림책 작가들은 그림책을 더 이상 아이들용 교훈과 희망과 카타르시스를 담는 그릇으로만 한정짓지 않는다. 그림책은 이제 날카롭고 준엄하게 인간과 사회와 문명을 반성하고 비판하는 자리로 나아간다. 폭력적이고 공포스럽고 그로테스크한 표현도 필요하다면 망설이지 않는다. 이 치열한 작가 정신이 젊은 일러스트레이터들을 통해 다양하게 구현되고 있으니, 고맙고 믿음직하다.

'인간의 일상이라는 표면 밑에 감춰진 잔혹한 세계'를 '기묘한 판타지'로 표현하는 소윤경 작가의 이 최신작은 올해 BIB(브라티슬라바 일러스트레이션 비엔날레)의 한국 후보 중 하나로 선정되었다.【김서정】

알고 보니 범인은

『도대체 누구야!』 | 마사이 부족 옛이야기를 버나 아데마가 다시 씀
리오 딜런·다이앤 딜런 그림 | 김서정 옮김 | 보림

그림책을 읽는 일은 종종 작은 공연이 된다. 아이에게 그림책을 읽어주는 일은 한 명의 배우와 한 명의 관객이 긴밀한 반응을 주고받으며 벌이는 한 편의 공연이다. 책 읽는 이는 저도 모르게 아이의 표정을 살피며 목소리에 힘을 싣고 감정을 담아 소박한 연기를 펼치고, 어린 관객은 그 목소리를 길잡이 삼아 눈앞에 펼쳐진 그림 속 이야기에 빠져들어 울고 웃는다.

어떤 그림책은 아예 연극 자체를 그림책 안으로 끌어들인다. 『도대체 누구야!』에는 가면극 한 편이 담겨 있다. 책을 펼치면 사람들이 나무 사이에 줄을 매고 커다란 주홍빛 천을 걸고 있다. 검은 피부에 쭉쭉 뻗은 팔다리, 화려한 구슬 장식으로 멋을 낸 아프리카 마사이 부족이다. 주홍빛 천은 연극 무대의 막이다. 거칠 것 없이 광활한 평원에 오뚝 솟은 나무 두 그루, 그 사이에 걸친 가느다란 줄과 천이 무대와 객석을 나눈다. 바깥에서는 마을 사람들이 막이 열리기를 기다리고, 안쪽에서는 배우들이 무대를 꾸미느라 부산하다.

이윽고 막이 열린다. 무대에는 작은 집 한 채, 그리고 막대기에 묶어둔 물결무늬 천 조각이 있다. 호수란다. 동물 탈을 쓴 배우들이 등장한다.

"옛날 옛날에 토끼 한 마리가 호수가 내려다보이는 언덕에 살았습니다."

어느 날 토끼가 집에 들어가려는데 문이 열리지 않는다. 잠시 집을 비운 사이 누군가가 토끼집을 가로챈 것이다. 모습을 드러내지 않아 누군지 알 수 없는 녀석은 뻔뻔스럽게도 되레 토끼를 협박한다. 자기는 "나무도 통째로 먹어 치우고 코끼리도 밟아 뭉갤 수" 있는 무시무시한 존재니 혼쭐나기 전에 썩 꺼지라는 거다. 그야말로

적반하장이다. 난감한 토끼가 힘센 자칼, 표범, 코끼리에게 차례로 도움을 청하지만 일은 점점 꼬여간다. 저마다 힘자랑을 해대며 토끼네 집을 태우려 들고, 밟아 부수려 드니 말이다. 어쨌든 쫓아내면 될 것 아니냐면서.

가면극의 내용은 마사이 부족 사이에 전해 내려오는 옛이야기다. 맛깔스러운 토속 의성어와 의태어에 향토색 짙은 색감과 활기가 아프리카의 숨결을 물씬 내뿜는다. 놀라운 것은 고정된 무대, 장면마다 기껏 둘셋에 불과한 등장인물, 고정된 시점이라는 극의 특성을 그대로 반영하되, 배우의 동선을 연속 동작으로 그려 넣어 역동적이고 다채로운, 혁신적인 화면을 구현했다는 점이다. 가면극은 그림책 속에 완벽하게 녹아들었다.

약자를 사랑하는 옛이야기답게 문제를 해결하는 건 모두가 하찮게 여기던 개구리이였고, 꾀바른 개구리가 밝혀낸 '도대체 누구'인지 알 수 없던 괴물은 '겨우 애벌레'였다. 허를 찌르고 위트 넘치는 반전이지만 뒷맛은 씁쓸하기도 하다. 실체를 드러내지 않는 적, 우리 삶을 휘저어 바닥 없는 공포에 시달리게 하는 자들의 실체는 언제나 그런 것이었을지도 모른다는 생각에.【최정선】

에디의 아빠

『내가 가장 슬플 때』| 마이클 로젠 글 | 틴 블레이크 그림 | 김기택 옮김 | 비룡소

마이클 로젠은 나에게 낯선 이름이었다. 『곰 사냥을 떠나자』의 작가지만 그림 작가인 헬렌 옥슨버리에 묻혀 눈에 띄지 않았다. 영국의 아동문학 계관 작가라는 것도, 140여 권의 책을 냈다는 것도, 많은 상과 명예박사 학위를 받았다는 것도 몰랐다. 그러나 이제는 잊을 수 없는 이름이 되었다. 『내가 가장 슬플 때』, 원제로는 『마이클 로젠의 슬픈 책』 덕분이다.

마이클 로젠은 1999년에 아들 에디를 잃었다. 키가 180cm가 훨씬 넘는 듬직한 덩치에 뛰어난 입담과 유머 감각으로 가족의 중심 노릇을 했던 에디. 열여덟 살 생일이 얼마 남지 않은 어느 날 밤 아이는 집으로 돌아오는 아버지와의 통화에서 약간 나른하다고 했다. 다음 날 아침 일찍 나가야 하는 아버지는 해열제를 먹으라는 말만 전하고는 바로 잠자리에 들었다. 이튿날 아침 6시, 아이가 괜찮은지 보려고 방에 올라가 보니, 에디는 죽어 있었다. 수막구균성 패혈증. 아무런 전조 증상 없이, 전날까지만 해도 멀쩡하게 뛰고 농담하던 아이를 하룻밤 사이에 죽게 만들 수 있는 무서운 병이었다.

그로부터 5년 후 로젠은 슬픈 책을 내놓는다. 자신이 얼마나, 어떻게, 왜 슬픈지를 차근차근 꺼내 보이고, "슬픔이 내게 너무 큰 상처를 주는 걸 막을 방법도 궁리해" 본다. 그 내용은 요약해 전달할 수 있는 것도, 해설해서 이해시킬 수 있는 것도 아니다. 그냥 그대로 보고 받아들여야 한다. 이런 글에 전혀 어울릴 것 같지 않을 듯한 퀜틴 블레이크의 그림이 얼마나 뜻밖의 국면을 보여주는지도 직접 확인해야 한다.

또 주목해야 할 것은 책 밖의 일이다. 에디의 죽음 이후 마이클 로젠이 한 일은 미친 듯이 수막염과 패혈증에 대해 공부한 것이었다. 무엇이 자기 아들을 죽였는지 확실히 알기 위해서였다. 그리고 이제는 아이들에게 치명적인 병에 대한 백신을 개발하자는 캠페인에 나서고 있다. 아이들을 질병과 죽음에서 구할 뿐 아니라, 부모를 공포에서 벗어나도록 하기 위해서다.

"어젯밤 침대에서 잘 자라고 인사한 아이를 아침에 죽은 채로 발견하는 거, 그건 정말 끔찍한 일입니다. 그렇게 살고 싶으십니까?"

아들이 죽은 지 12년이 지난 후(2011년의 인터뷰 기사를 참고했다) 마이클 로젠은 자신이 뭔가를 하고 있어서 다행이며, 에디도 그것을 좋아할 거라고 생각한다고 말한다. 상실감은 여전히 진행 중이지만 에디와의 관계가 '진화'했다고도 말한다. 책 마지막 장면의 촛불처럼, 이 진화라는 말을 한 가닥 희망으로 붙들고 싶어진다. 우리에게도 진화는 일어날 것이라는 믿음을 마이클 로젠에게서 전해 받는다.

【김서정】

시는 어떻게 그림책이 되는가

『5대 가족』 | 고은 시 | 이억배 그림 | 바우솔

조카가 아기를 낳았다. 졸지에 할머니가 되었다. 포대기에 돌돌 싸여 꼬물거리던 녀석이 어느새 되뚱되뚱 뛰어다닌다. 오랜만에 식구들이 다 같이 모인 자리, 아이를 둘러싸고 즐겁게 소란을 피우는 사람들 틈에서 외할머니와 증조할머니 사이에 끼어 앉은 '이모할머니 3'은 습관처럼 백석의 시 '여우난골족'을 떠올리다가 퍼뜩 며칠 전에 읽은 그림책『5대 가족』이 생각났다.

온전히 검은 바위산 비탈 밑
거기 숨어 있는 풀밭이 있다
어김없이 유목 살림 천막이 쳐져 있고
양 떼 있다

거대한 산맥에 둘러싸인 고원지대의 한 모퉁이, 금방이라도 쏟아져 내릴 듯 울퉁불퉁 거무스레한 바위산, 그 산비탈 아래 희미하게 깔린 연초록 풀밭, 거기 보일 듯 말 듯 오도카니 서 있는 천막 하나. 그곳에 양을 치는 티베트 유목민 가족이 있다.

"고조할아버지 / 증조할아버지 / 할아버지 할머니 / 아버지 / 어머니 / 막내아들 여섯 살배기 텐진"

『5대 가족』은 고은의 시에 이억배가 그림을 그려 꾸민 책이다. 여든 아홉인지 아흔인지 자기 나이조차 잊은 고조할아버지로부터 여섯 살 손자까지, 5대로 이루어진 가족이 양 떼를 몰고, 양털을 깎고, 천막을 손보고, 양젖을 짜고, 찻물을 끓여 버터차를 만든다. 열두 살 쌍둥이 형제는 산 너머에서 다른 집 양 떼를 몰고, 풀밭에 놓아먹이는 170마리쯤 되는 양들은 저녁 무렵이면 알아서 집으로 돌아온다.

군더더기 없는 삶. 그저께는 양 한 마리가 죽고 오늘은 양 한 마리가 태어났다. 맨눈으로 수천의 별을 헤아리는 사람들, 그들의 잠든

눈동자에 내려와 잠드는 별빛들. 고은의 시가 환기시키는 세계는 간결하되 울림이 크다. 바위산 자락 아래 유목민 일가의 덤덤한 삶은 일상을 훌쩍 넘어 아득하게, 인류의 역사와 생명과 우주를 향해 유장하게 뻗어간다.

그러나 이억배의 그림은 고은의 시를 단단히 땅에 비끄러맨다. 특유의 성실함과 집요함으로 손에 잡힐 듯 세세하게, 다큐멘터리를 찍듯 지극히 사실적으로. 덕분에 아홉 식구와 양 떼, 검둥개와 말, 야크로 이루어진 5대 가족은 바지런한 이웃사촌처럼 현실적인 존재가 되었고, 만년설로 뒤덮인 흰 산줄기와 보랏빛 하늘을 벗 삼아 "있는지 없는지도 잘 모르는 풀밭"을 찾아 나선 이들 앞에는 달갑지 않은 철탑이 냉큼 끼어든다. 시는 이렇게 그림책이 되는가. 【최정선】

· 한 걸음 더 ·

소장할 수 있는 가장 저렴한 예술품

그림책이라면 아름다워야 한다. 0세부터 100세, 즉 전 세대 독자가 각자의 관점에서 아름답게 여길 수 있어야 한다. 그림책으로까지 아이들 머릿속에 납작한 '지식 쌓기'를 원하는 교사와 학부모들의 안달이 더없이 안타깝고, 그에 편승해 학습 교구에 가까운 '그림+책'이 쏟아지는 현실이 못 견디게 답답하다.

만일 그림책으로부터 아이들이 무엇인가 배워야 한다면, 그것은 오직 미감에 의한 기쁨과 즐거움일 터이다. 어릴 때 완벽한 그림과 음악을 보고 들었던 아이는 일생을 통해 그러한 미감을 추구하고 향유하는 법이다.

신동준의 그림책 『물고기와 바람과 피아노(신동준 글·그림, 초방책방)』를 열면 모든 장면을 다 합쳐도 한 줌이 채 안 되는 글과 아트 포스터라고 할 만한 그림이 시원하게 펼쳐진다. 그런 만큼 구성이 뚜렷한 서사를 즐길 수는 없지만, 툭 툭 던

지는 화두 같은 글과 함께 그림이 불러일으키는 이미지의 감흥에 흠뻑 빠질 수 있다. 잡지와 색상지를 찢고 잘라 만든 세련된 콜라주 그림이 깊은 바닷속 '물고기'가 되었  다가, 시간의 '바람'을 타고, '피아노' 소리를 따라 허공으로 날아가는 사유의 여정을 즐겨보자.

박선미의 그림책 『가시산(박선미 글·그림, 썸북스)』에는 글이 없다. 세로로 긴 판형에 위로 열어 펼치는 방식의 이 그림책은 극도로 색을 절제했다. 사막의 선인장을 인간 삶이 고군분투 등정하는 '가시의 산'으로 상징해 어른에게는 철학적 메시지를, 어린이 독자에게는 여느 그림책에서 맛볼 수 없는 '낯선 아름다움'을 보여준다

이수지의 『이 작은 책을 펼쳐봐(제시 클라우스마이어 글, 이수지 그림, 비룡소 펴냄)』는 그림책에 빠져 사는 나 같은 독자들을 깡충 뛰게 만든다. 그림책 한 권 속에 그림책이 있고, 그 그림책 속에 또 그림책이 있고, 또 그림책이 있고, 또 그림책이 있  고, 또 그림책이 있다! 실제로 책을 펼칠 때마다 한 단계 작은 그림책이 실물로 펼쳐지고, 또 펼쳐진다. 그리고 다시 하나씩 덮이고, 또 덮인다. 하나의 책을 펼친다는 것은 하나의 세상을 펼치는 것이라는 독서 행위의 메타포가 명랑하게 구현된 사랑스러운 그림책이다.

『나무들의 밤(바주 샴·두르가 바이·람 싱 우르베티 글·그림, 보림 펴

넘-더 컬렉션 시리즈)』은 인도 중부의 곤드족 전통 예술가 바주 샴, 두르가 바이, 람 싱 우르베티 세 화가가 함께 만든 작품이다. 영국 소설가이자 미술평론가 존 버거가 "나이팅게일이 동틀 때까지 노래하는 책"이라고 찬탄한 이 그림책은 열아홉 그루의 신화적인 나무 그림이 더없이 매력적인 데다 첫 장을 펼치는 순간, 질감이 범상치 않은 검정 수제 종이에 공들여 작업한 실크스크린 잉크 냄새가 훅 끼치는 수제본이다.

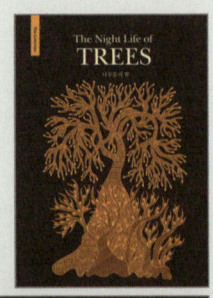

'타라 북스'의 한글 번역본은 한국 출판사에서 보낸 한글 번역 텍스트 파일을 인도 본사에서 그림과 함께 디자인하고 감광하는 과정을 거쳐 수제 종이에 실크스크린 작업을 한다. 그렇게 한 장 한 장 인쇄한 것을 차곡차곡 쌓아 손으로 꿰맨 다음 표지를 입힌다. 따라서 열 권의 그림책은 열 권의 고유성을 지닌다. 세상에 '단 한 권밖에 없는 예술품'인 것이다.

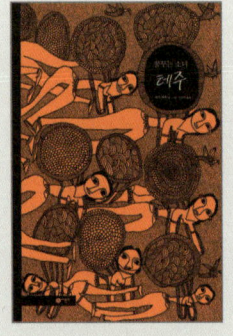

또 한 권의 '타라 북스' 수제 실크스크린 그림책 『꿈꾸는 소녀 테주(Drawing from the city, 테주 베한 글·그림, 비룡소-지브라 시리즈)』에는 인도의 하층 계급 여성 테주 베한이 점점이 찍고 빗금 그은 나이브 아트 그림이 커다란 판형의

장면마다 그득히 담겨 있다. 문학적·미술적 완성도를 능가하는 이 진정성 넘치는 자전적 스토리텔링은 뒤표지를 덮고 나서도 마음 깊이 메아리친다.

이탈리아 작가 브루노 무나리의 그림책들 『안개 속의 서커스(브루노 무나리 글·그림, 비룡소)』, 『까만 밤에 무슨 일이 일어났을까?(브루노 무나리 글·그림, 비룡소)』는 화가이자 그래픽 디자이너로서 조각을 하고 시 쓰기와 글쓰기를 했던 다재다능함이 인쇄물 디자이너이자 아트디렉터로서의 실험에 의해 구현된 예술적 결과물이다. 회화적인 그림과 시적인 글에 구멍 뚫기·들추기 플랩  과 앞뒤 장면이 겹쳐 비치는 파라핀 종이와 다양한 질감의 종이를 거침없이 활용했다.

프랑스 작가 벤자민 라콩브의 『나비 부인(벤자민 라콩브 글·그림, 보림)』은 작가가 어린 시절부터 즐겨 들었던 푸치니의 동명 오페라 '나비 부인'에 대한 오랜 감흥을 공들여 구현한 아트북이다. 비단 리본  을 풀면 옆으로 죽 펼쳐지는 이 아코디언식 그림책은 총 길이가 10m 넘는 지면에 2막13장의 유화 그림과 원전을 재해석한 글이 펼쳐진다. 프랑스의 한 언론 매체는 이 그림책이 영유아를 위한 것이 아닐뿐더러 어른 또한 마냥 즐겁게 볼 수만은 없다면서 독자를 자극하고 있다.

로버트 사부다의 이름난 팝업북 『피터 팬(제임스 배리 원작, 로버트 사부다 제작, 노은정 역, 비룡소)』은 제임스 배리의 원작을 읽을 때 상상했던 환상의 나라 네버랜드가 놀랍게도 종이와 종이 사이, 책장에서 출현한다. 정교한 페이퍼 엔지니어링에 의해 펼쳐지고 우뚝 돌출하는 종이 조형 예술의 감흥은 영상물에서는 결코 맛볼 수 없다. 단언컨대 "책 따위가 뭐야?"하고 게임기 앞으로만 몸이 쏠리는 아이들도 놀라게 만들 수 있다.

프랑스 작가 아누크 부아로베르와 루이 리고가 협업한 팝업 그림책 『나무늘보가 사는 숲에서(아누크 부아로베르·루이 리고 글·그림, 보림)』와 『바다 이야기(아누크 부아로베르·루이 리고 글·그림, 보림)』는 숲과 바다를 보호하자는 친환경적 주제를 제쳐두고도 장면마다 가슴 뛰는 멋진 3차원 이미지에 탐닉하게 된다. 『나무늘보가 사는 숲에서』의 경우, 남벌 남획으로 숲이 사라지고 난 텅 빈 장면에서의 이 그림책의 팝업 기법은 가슴 뭉클한 감동을 불러일으킨다. 독자가 당김 탭을 직접 작동하면 일어나는 새싹들! 그것은 우리 모두가 숲을 가꿔야 한다는 암시로 체험된다. 뒤표지 상단의 산림관리협의회 인증 종이에 콩기름으로 인쇄했다는 공인 마크 또한 이 그림책들에 두루 공들인 마음을 느낄 수 있다.

지금 소개한 이 그림책들은 도서관에서 만나기 힘들지 모른다. 도서관 장서를 설마 저가 입찰 방식으로 구입하지는 않겠지만(불경스럽게도 여러 지역 도서관을 방문해보면 종종 그런 의심이 들 때가 있다), 빠듯한 장서 구입 예산에 고가 그림책이 부담스러울 것이다. 더구나 팝업 그림책은 공공장소에 꽂아둘 경우 순식간에 망가지기 일쑤다. 그러니 이런 그림책을 즐기려면 개인 소장할 수밖에 없다. 여느 그림책 값의 서너 배를 치르고!

하지만 한번 따져보다. 0세부터 100세까지 온 가족이 읽고, 읽고 또 읽을 수 있다. 정성껏 보관하면 3대는 너끈히 물려줄 수 있다. 대개 좋은 책을 그렇게 하듯, 친구가 오면 보여줄 수도 있다. 문득 세상에 존재하는 근사한 것을 보고 싶을 때에도 그저 펼쳐서 열기만 하면 된다. 이토록 저렴한 예술품이 어디 있을까? 신인 작가의 판화 한 장을 소장하려 해도 그 열 배의 셈을 치러야 한다. 예술가들의 어린 시절 회상기에는 반드시 집안에 걸려 있던 명화, 서가에 꽂혀 있던 책, 거실에 울려 퍼지던 시와 음악이 있었다. 그림책은 우리가 소장할 수 있는 가장 저렴한 예술품이다. 집 안 곳곳의 선반에 시시때때 계절과 정황에 어울리는 그림책을 표지 전면이 보이도록 세워놓자. 그것만으로도 제값 넘치는 소장의 기쁨을 누릴 수 있을 것이다.

【이상희】

다시 봄

파랑새가 산다

『파랑새가 산다』 | 신혜은 글 | 정순희 그림 | 웅진주니어

어린 여자아이가 어두운 골목 계단에 웅크리고 앉아 있다. 초등학교에 갓 들어갔을까? 울음이 터지기 직전의 얼굴이다. 글을 보니, 엄마는 늦고 아빠는 그나마 들어올 기약도 없는 듯하다. 높은 달동네 좁은 골목의 나지막한 담벼락에 붙어 아래를 내려다보는 아이. 다닥다닥 붙은 지붕 너머 저 멀리 반짝이는 네온사인 사이로 빌딩들이 우뚝하다.

『파랑새가 산다』는 대전의 한 달동네 이야기다. 쓰레기와 불화가 널려 있는 동네에서 제대로 보살핌을 받지 못하는 아이들. 상황을 생각하면 분노 혹은 안타까움이 마음을 찌를 수도 있다. 하지만 섬세한 선에 절제된 색의 그림과 무심한 듯 천진한 아이의 일기글로 전달되는 이 이야기는 그런 감정의 격랑을 넘어서는, 잔잔하면서도 깊은 울림을 만들어낸다.

 아빠를 기다리며, 옆집 꼬마 울보 수미를 보살피며, 재개발 바람에 이사를 가는 친구를 시무룩한 얼굴로 배웅하며, 하늘이는 살아간다. 그런데 허물어진 집터에 꽃밭과 텃밭이 생기고, 공터의 쓰레기가 치워지더니 놀이터가 생기고, 계단과 담벼락에는 그림이 그려진다. 이 변화 과정을 겪으면서 동네 모습과 아이의 표정은 마치 작은 풀꽃이 피어나듯 조금씩 살며시 피어나고 밝아진다. 제목이 말하듯 '파랑새'가 날아든 것이다. 마지막 장면에서 선물 보따리를 안고 돌아온 아빠와 함께, 파랑새는 하늘이네 집에서 그리고 그 동네에서 살게 되었다고 이 이야기는 전한다.

 대전의 한 동네에서 실제로 있었던 일이 이 책의 토대임을 지은이들은 말미에 밝힌다. 거대한 힘에 의한 재개발이 아니라 "한 사람의 용기 있는 제안으로 시작"되어 많은 사람들의 마음에 번진 희망의

힘으로 일어난 변화였다. 그런데 이건 어른들 일인데, 그림책이라니? 의아할 수도 있다. 그러나 조그맣고 보드라운 시작으로 크고 환한 결실을 보는 이 일을 담아내는 데 그림책이 얼마나 적절한 매체인지를 확인할 수 있을 것이다.

이 책은 〈우리 땅 우리 아이〉 시리즈 중 한 편이다. '우리 땅에서 살아가는 우리 아이들의 이야기'라는 기치 아래 다양한 아이들의 삶이 시리즈 안에서 펼쳐진다. 한국인과 결혼한 엄마를 따라와 살아가는 러시아 아이 이리나, 양파 밭에서의 노동(?)에 심통을 부리다가 땡땡이를 치다가 열심히 돕다가 하는 떠꺼머리 민기. 남달리 튼실한 몸집에 놀림받으며 속상하지만 그래도 꿋꿋이 자기를 세워나가는 현수. 우리 아이들이 지금 어디에서 어떻게 살고 있나, 기본으로 돌아가 보라고 어른들을 격려하기도 한다. 【김서정】

상상과 모험의 심부름 길

『심부름 말』| 김수정 글 | 백보현 그림 | 상출판사

　어린 시절 심부름은 모두 내 차지였다. 내가 심부름을 가야 했을 때, 위의 두 형은 엄마 말보다 여학생들 뒤꽁무니를 더 중요하게 생각할 나이였으며 당연히 심부름꾼이 딱 필요한 시점에 집에 붙어 있지도 않았다. 물론 나 또한 집이 아닌, 집 앞 공터에 있기는 했다. 그러나 골목 앞 공터는 마치 앞마당처럼 "그만 놀고 들어와"라고 하면, "좀만요"라고 말을 주고받을 수 있는 심정적 거리에 있었다. 처음에는 무언가 필요한 일을 한다는 자부심도 없지 않았으리라. 때로는 물건을 잘못 사와 지청구를 들으며 되돌아간 적도 있었으리라. 오는 길에 막걸리를 반 넘게 마시고 해롱댄 일도 없지 않았으며, 해찰하다 돈을 흘리고는 문 앞을 뱅글뱅글 돌던 망연하고 또 자실했던 때도 있었으리라. 그러나 이제 나는 그때의 형들, 아니 그때의 아버지

보다도 더 나이 들었다. 그러나 때로 한 권의 책만으로도 훌쩍 나이를 넘고 세월을 비켜, 그때 그 시절의 나로 돌아갈 때가 있다. 그 한 권의 책은?『심부름 말』이다.

그림책은 "나는 심부름하러 갈 때가 제일 좋아요. / 심부름하러 갈 때는 심부름 말을 탈 수 있거든요"로 시작해, "내겐 너무 멋진 심부름 말이 있어요"로 끝난다. 심부름으로 두부 한 모를 사러 가고, 또 돌아오는 것이 이야기의 전부다. 그러나 이 이야기를 이야기로 만드는 것은 의당 말이다. 아이는 심부름 말을 타고 오가기 때문이다. 물론 상상이다. 그러나 당연히 현실이기도 하다.

나 역시 자전거를 타고 심부름을 다녀오고는 했다. 아주 급할 때는 자동차를 탈 때도 있었다. 핸들과 브레이크를 자유자재로, 때로는 가까스로 사고 위험을 모면하며 다녀왔다. 더욱이 양쪽으로 팔을 벌리기만 해도 비행기까지 탈 수 있었다. 주인공 아이는 말을 탄다. '다가닥다가닥' 골목을 벗어나고, 놀이터를 지나, 횡단보도를 건너, 인적 드문 내리막길을 나는 듯 달려 '미니슈퍼'에 도착한다. 고삐를 나뭇가지에 걸어두고 두부를 사면, 아주머니도 "말을 타고 왔네" 하는 듯 밖을 내다본다. 아이의 어쩔 수 없는 현실과 상상을 미처 알지 못하는 사람들은 참견하고 또 유혹한다. 그래도 아이는 말과 하나가 되어 또각또각 뿌듯하고 즐거운 마음으로 심부름을 끝낸다.

먹의 아취가 느껴지는 제목의 표제를 비롯해 말 그림 역시 예스러운 정취를 담고 있다. 가는 선으로 형태를 부여하고, 갈색을 주조로 색을 덧입힘으로써 입체감을 얻는다. 배경이나 인물은 오래된 벽

화의 효과를 주기라도 하듯 균질적이지 않다. 그런 채색은 이야기가 지금 여기의 이야기가 아님을 드러내며, 넓은 화폭에 다양한 재료를 적절하게 섞어 재료의 디자인적인 자질을 효과적으로 결합하고 있다. 이를 통해 무엇보다 그림 속 아이의 표정과 동작선들을 아주 정확하게 재현함으로써 아이의 마음속 출렁거림에 가 닿을 수 있게 한다.

무엇보다 이 그림책이 돋보이는 것은 앞뒤의 이어지는 면지가 갖는 이야기의 완결성 때문일 것이다. 이 그림책의 면지는 여느 그림책처럼 펼침면 하나로 그치지 않는다. 첫 번째 면지에 이어 또 한 번의 면지가 펼쳐지며, 두 번째 오른쪽의 면지에서부터 이미 이야기가 빛깔을 넘어 의식으로 진전된다. 그리고 서사의 결정적인 단서를 이루는 마지막 면지가 있다. 그것은 할아버지 목마다. 안경 너머 신문을 보는 할아버지 옆에는 네 마리 말이 있고, 아이들이 노래와 어울려 목마를 타고 있다. 그 가운데 한 마리 말은 이제 막 주인을 잃었다. 심부름을 가야 했기 때문이다. 짝꿍 여자아이는 '빨리 갔다 와!' 하며 손을 흔든다. 뒷면지의 구성도 다르지 않다. 아이는 두부를 사들고 간다. 그러나 마음은 다급하다. 다른 아이가 자신이 비워둔 자리에 타기 위해 할아버지와 흥정을 한다. 내 말인데, 다른 아이가 타려고 하는 것이다. 이처럼 그림책은 면지를 활용한 액자의 구성 속에 매끄럽게 현실과 상상을 결합하고 있다.

그래서 나는 이 그림책이 좋다. 다만 나는 이 글작가와 그림작가의 따스하고도 놀라운 협응이 옛날 어린이를 만나는 지금의 어른이 아니라, 지금의 어린이를 만나는 또 다른 지금 어린이를 형상화할 수 있기를 바란다. 조금은 간절하게. 【김상욱】

이제 남은 단추는 몇 개일까요?

『고양이 피터:멋진 내 단추 네 개』| 에릭 리트윈 글 | 제임스 딘 그림 | 이진경 옮김 | 상상의힘

처음에는 이 책 표지의 파란 고양이에 눈이 번쩍 뜨였다. 파란 고양이가 노란 셔츠를 입고 초록 잔디를 배경으로 빨간 보드에 앉아 있는 강렬한 원색의 향연에 끌렸다. 이 색깔과 붓 자국은 너무 세련되지도 않고 너무 조야하지도 않다. 선은 매끄럽지도 않고 울퉁불퉁하지도 않다. 서툴러 보이지만 그렇다고 아이들 화풍을 본뜬 것도 아니다. 적당히 무심하게, 대충 정성스럽게, 그러면서 상당히 화통하게 그려진 그림이 내 입맛에 딱 맞았다.

그런데 단추라니. 단추에 관한 그림책을 좀 보았고, 심지어는 번역도 한 권 했으면서도 나는 단추가 뭔지 의아했다. 단추가 뭐가 그렇게 재미있는지, 어떤 의미가 있는지 알 수 없었기 때문이다. 그냥 여러 가지 단추 모양이라든가 수집벽 있는 아이의 단추 사랑, 거기서

더 나아가는 뭔가를 찾을 수가 없었던 것이다.

이 책도, 처음에는 그랬다. 고양이 피터는 자기가 가장 좋아하는 옷에 달려 있는 커다랗고 둥글고 멋진 단추를 좋아한다. 노래도 지어 부른다.

"내 단추, 내 단추 / 멋진 내 단추 네 개 / 내 단추, 내 단추 / 멋진 내 단추 네 개."

그러다 띠웅, 단추 하나가 툭 떨어져 굴러가버린다. 이제 남은 단추는 세 개. 피터는 단추 네 개를 단추 세 개로 바꾸어 다시 노래를 부른다.

그런 식으로 단추는 하나씩 하나씩 떨어져 나가지만 피터는 굳건히 가사 바꾸어 노래 부르기를 계속한다. 마침내 '0'이 된 단추. 셔츠를 내려다보던 피터가 뭔가를 발견한다. 그것은 바로, 배꼽 단추! 피터는 다시 신나게 노래를 부른다.

"내 단추, 내 단추 / 끝까지 달려 있는 내 배꼽 단추 / 내 단추, 내 단추 / 끝까지 달려 있는 내 배꼽 단추."

첫인상은 '아이들에게 뺄셈 개념 설명하는 데 유용하겠군'하는 것이었지만, 읽을수록 뭔가가 새록새록 피어올랐다. 피터의 초긍정 마인드는 묘한 중독성과 전염성을 갖고 있었다. 그 좋아하는 단추가 하나씩 하나씩 없어지는데도, 그래서 맨몸이 조금씩 조금씩 드러나는데도 녀석은 천하태평이다. "단추는 떨어질 수도, 다시 달 수도 있다"라는 것이다. 그래, 작가 말마따나 "이 세상 그 무엇이든 오기도 하고 가기도 하는데" 뭐 그리 죽어라 움켜쥐고 벌벌 떨 일 있겠는가.

단추를 잃어버린 고양이가 넘실거리는 파도 앞에서 서프보드에 오르는 장면에 속이 탁 트인다. 맞다. 단추가 모두 떨어져서 맨몸이 드러나면, 서핑을 즐기면 되는 일이다. 우리에게는 '끝까지 달려 있는 내 배꼽 단추'가 있지 않은가.

우리 몸을 가리는 옷을 어떤 구속이나 타율로 생각해보자. 그러면 띠융! 팅겨져 나가 옷의 기능을 무화시키는 단추는 해방과 자율의 첨병이 될 수 있지 않을까. 온전히 내 것인 배꼽 단추는 더욱더 그렇다. 거칠 것 없고 아쉬울 것 없이 나를 나 되게 만들라는 말을 천하태평 고양이의 단추 노래가 전한다.【김서정】

스무 밤이 지나고 아빠가 돌아왔어

『달구지를 끌고』 | 도널드 홀 글 | 바버라 쿠니 그림 | 주영아 옮김 | 비룡소

추수 끝낸 논이며 무·배추 뽑은 밭이 휑하다. 눈을 들면 온통 잎 떨어진 빈 가지, 그렇게 이즈음 숲 골짜기 풍경은 꺼칠하기 그지없다. 개들이 컹컹대고 닭들이 꼬꼬거리는 것도 쓸쓸하다고 투덜대는 소리로만 들린다. 집 안 곳곳에 밤이며 도토리, 고구마 자루가 불룩하고, 대봉 감 한 소쿠리에 늙은 호박, 파란 호박이 옹기종기 늘어앉은 것이 그나마 위안이랄까. 시간 저편으로 스러진 여름비 한 줌, 가을볕 한 줌이 그나마 거기 남아서 고인 듯하다. 늙은 호박 하나를 썩둑썩둑 잘라 속 긁어내고 씨 발라내어 뭉근히 푹 끓이면 집안 그득히 달큰한 온기가 퍼지리라. 뿔뿔이 흩어져 일하던 이들이 모여 뜨끈한 호박죽을 후루룩거린다면 흐뭇하겠다.

벽난로 후끈한 열기에 발그레 뺨이 달아오른 가족이 이제 막 어머니가 들어내는 솥을 보고 있다. 소녀는 수놓던 바늘을 길게 뽑아든 채 이제 곧 차려질 식탁을 고대하는 참이다. 두 다리를 쭉 뻗고 있는 아버지는 먼 길을 다녀온 것일까. 어린 사내아이만 어머니의 거동 대신 주머니칼에서 눈을 떼지 못하지만, 그 역시 구수한 밥 냄새가 즐거울 테다.

미국의 이름난 시인 도널드 홀이 1977년 주간지 〈뉴요커〉에 발표한 시 '옥스 카트 맨(OX-CART MAN)'으로 바버라 쿠니가 구현한 1979년 칼데콧 수상 그림책 『달구지를 끌고』의 하이라이트라 할 만한 이 장면은 그 자체로 '기도' 또는 '성가족' 같은 제목이 떠오르는 작품이다. 액자에 담아서 걸어도 좋을 만하다. 그러나 그 앞과 뒤의 이야기를 담고 있는 시와 함께 즐기면 더욱 따습다.

"농부의 딸은 바늘을 받아 수를 놓기 시작했고, 농부의 아들은 주머니칼을 받아 나무를 깎기 시작했어. 농부의 아내는 새로 산 솥에다 저녁밥을 지었고, 가족 모두는 앵두 맛 박하사탕을 먹었어. 그날 밤, 농부는 벽난로 앞에 앉아서 헛간에 있는 송아지에게 씌울 새 고삐를 만들기 시작했어."

그러니까 아버지는 온 가족이 한 해 내내 기르고 거둔 곡식 열매와 틈틈이 만들고 짜고 깎은 수공예품을 소달구지에 싣고 열흘 걸어 닿는 마을 시장에 판 다음 가족의 생필품을 사서 다시 열흘을 걸어 이제 막 되돌아온 참이다. 소녀는 아버지가 사다준 수예 바늘을 써보기 위해 수틀을 새로 매어 몇 땀 놓기 시작한 참이며, 아들은 아버지가 사다 준 새 주머니칼로 나무를 깎아보는 참이다. 어머니는 무사히 돌아온 남편과 함께 모처럼 온 가족이 함께할 식탁을 차리느라 새 솥에 지은 밥을 이제 막 주걱을 휘저어 확인하고 들어내는 참이다. 아내와 자식들이 풍족한 마음으로 잠든 밤, 다시 내년의 장 나들이 준비를 시작하는 아버지의 모습도.

농가의 한해살이가 그득한 이 그림책이 계절의 쓸쓸함에 나른히 기대려던 허리를 일으켜 세운다. 주어진 삶을 경작하는 '농(農)'의 세계에 고개 숙이게 한다. 【이상희】

다섯 줄로 설명할게, 너와 나의 연결고리

『어느 바닷가의 하루』 | 김수연 글·그림 | 보림

눈먼 어부가 바다로 고기를 잡으러 간다. 꽤 나이 들어 보이는데, 돕는 사람 없이 혼자다. 외롭고 고단한 삶일 것 같다. 내가 저 어부처럼 산다면 얼마나 슬프고 절망적일까. 독자는 이렇게 생각할 수도 있을 것이다.

그러나 이 책은 아이들을 위한 그림책이다. 아이들을 위한 책을 만드는 어른들은 설득력 있는 희망과 긍정과 용기, 꿈을 말하고 싶어 한다. 이 그림책도 그렇다. 글이라고는 딱 다섯 줄. 그렇게 말은 없지만, 환상 가득한 그림으로 이 가엾어 보이는 노인의 삶이 사실은 얼마나 위대한지를 말해준다.

'전통적인 판화 기법을 성숙하게 수용'해 아름다운 상상을 펼쳐 나간다는 평을 받으며 영국 V&A 일러스트레이션 상을 받은 그림을

 따라가 보자. 노인은 강아지를 데리고 고기를 잡으러 나간다. 그물을 손질하는데, 갈매기 한 마리가 그물 끈을 물고 달아난다. 갈매기를 뒤쫓는 강아지. 그런데 순간 강아지가 갈매기로 변한다. 노인에게 끈을 되돌려주는 강아지-갈매기. 그 사이에 노인은 커다랗고 하얀 물고기를 잡아 올린다. 되돌아온 끈을 하얀 물고기가 낚아채자 노인은 검은 물고기로 변해 하얀 물고기를 추적한다.
 바다 속까지 따라 들어온 강아지-갈매기는 노인을 노리는 상어를 발견하고는 바위로 변해 상어를 막는다. 다음 장면에서 바위는 노인이, 검은 물고기는 강아지가 된다. 물 밖으로 나온 노인과 강아지는 바구니에 들어 있는 커다란 물고기와 함께 집으로 돌아간다. 종횡무진 변신이 복잡해 보이지만 정작 그림을 보면 이 역동적인 상황들이 뚜렷한 궤적을 남기며 명쾌하게 전개된다. "내일도 그들은 오늘의 삶을 되풀이할 것"이다.
 단순한 변신 놀이처럼 보이지만 이 그림의 메시지는 예사롭지 않

다. 페이지마다 화면을 가로지르는 끈은, 홀로 사는 눈먼 노인의 삶이 버림받은 것이 아니라 언제나 어떤 것과 연결되어 있다고 말한다. 강아지와 갈매기와 물고기, 그러니까 자연 전체와의 엮임이라고 할 수 있을까. 이들은 서로 쫓고 쫓기고 먹고 먹히는 관계 안에 있지만 그 관계는 자연스럽고 건강하고, 심지어 만족스러워 보이기까지 한다. 자연의 섭리 안에서는 모든 삶이 그렇게 너그러이 서로를 받아들이며 연결되어 있다고 작가는 생각하는 것 같다. 나무의 나이테 무늬로 바다의 파도를 표현한 장면은 그 생각을 가장 상징적으로 드러낸다.

세상 모든 삶은 서로 연결되어 있다는 추상적인 명제를 이 그림책은 명쾌하게 시각화해놓는다. 상상력과 힘이 넘치는 그림을 통해 어린 독자들을 세상만물과의 일치감으로 인도한다. 어린 독자뿐인가. 어른 독자도 이 작은 그림책 앞에서 숙연해질 것이다.【김서정】

"넌 다시 날 수 있어"라는 속삭임

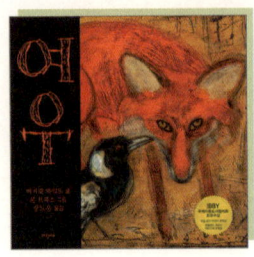

『여우』 | 마거릿 와일드 글 | 론 브룩스 그림 | 강도은 옮김 | 파랑새

표지부터 강렬하다. 알 수 없는 눈빛으로 정면을 응시하는 붉은 여우, 여우에게서 시선을 떼지 못하는 검은 까치. 검정과 빨강이 대비를 이루는 표지를 넘기면 온통 붉은빛. 숲이 불타고 있다.

까치는 거센 불길에 날개를 크게 다치고 삶의 의욕을 잃었다. 날지 못하는 새라니, 까치의 상실감과 절망은 깊다. 개 또한 한쪽 눈을 다쳐 앞을 제대로 보지 못하는 형편이지만 까치와는 달리 낙천적이다. 개는 까치에게 '너의 날개'가 되어줄 테니 '나의 눈'이 되라고 한다. 개는 날마다 까치를 등에 태우고 숲 이곳저곳을 달리고, 까치는 개의 등에서 차차 위안을 찾는다.

어렵게 찾은 평화는 여우가 등장하면서 균열이 가기 시작한다. 어느 날 불쑥 나타난 여우, 불안한 눈빛에 활활 타오르는 불길처럼 붉

은 털의 여우는 까치를 유혹한다. 자신은 개보다 훨씬 빠르다고, 하늘을 나는 게 어떤 것이었는지 다시 느끼게 해주겠다고.

이야기는 강렬하고 화면은 대담하다. 틀에 매이지 않은 대범한 레이아웃에 무겁고 두꺼운 유화와 콜라주, 거친 붓 자국과 다양한 도구를 이용한 스크래치도 효과적이다. 흙먼지가 풀풀 날릴 듯 바싹 마른 황톳빛과 이글거리는 붉은빛이 책 전체를 이끌며 숨이 막힐 듯한 분위기를 빚어낸다. 캐릭터는 입체적이고, 글은 시적이며, 까치와 여우의 미묘한 심리는 생생하다.

까치는 파국을 예감하면서도 여우를 뿌리치지 못한다. 하늘을 날던 기억, 사무친 그 기억은 쉽게 잊히지 않으니까. 까치는 여우를 믿지 않으면서도 여우의 등에 오르고, 하늘을 나는 기분을 다시 느끼자마자 태양이 이글거리는 사막에 홀로 버려진다.

까치는 어리석었을까? 충실한 개의 곁에서 사는 삶에 만족해야 했을까? 하늘을 날던 기억 따위는 깡그리 잊어야 했을까? 여우는 다

만 사악한 악당인 걸까? 이 책은 수많은 질문을 하고 또 그 질문에 섣부르게 답하지 않음으로써 차가운 우화의 경계를 넘어 인간에 대한 깊은 이해와 성찰을 보여준다. 산다는 것은 그렇다. 그렇게 단순하지가 않은 것이다.

이토록 진지하고 철학적인 이야기가 어린 독자들의 마음을 흔든다는 점도 잊지 말 것. 어린이들은 놀라운 직관으로 이 이야기를 이해하고, 잡히지는 않으나 어렴풋이 알 것 같은 미묘한 느낌과 이미지를 마음에 담는다.

이 그림책은 슬프고 통렬하며 따뜻하고 아름답다. 우리는 넘어지고 깨지고 다치며 성장하는 존재다. 우리는 이미 여우를 만났고, 앞으로도 거듭 여우를 만날 것이며, 여우를 계속 외면할 수만은 없을 것이다. 그래서 이 책의 제목은 『여우』다. 【최정선】

때때로 나는 하루 종일 거기에서

『고래들의 노래』| 다이안 셸든 글 | 개리 블라이드 그림 | 고진하 옮김 | 비룡소

바닷가 도시의 적산가옥 다다미방에서 온종일 누워 앓는 일이 많았던 어린 시절, 이따금 머물다 가시는 외할머니의 옛이야기야말로 진정한 밥이고 약이었다. (세상의 모든 할머니 할아버지께 간청하노니, 생업에 지친 어머니 아버지를 대신해 아이들에게 옛이야기를 들려주시길!) 그림책 『고래들의 노래』는 바닷가 마을에 사는 한 할머니가 아이에게 옛이야기를 들려주는 것으로 시작한다.

"아주 오랜 옛날이었단다. 바다에는 고래들이 가득했지. 고래들은 작은 산들만큼 크고, 밤하늘에 떠오른 둥근 달처럼 평화로워 보였단다……."

할머니는 방파제 끝에 앉아서 고래들을 기다렸던 자기의 옛이야기 한 편을 덧붙인다.

"때때로 나는 하루 종일 거기에 앉아 있었지. 그런데 갑자기 먼 데서 고래들이 몰려오는 것을 보았단다. 가까이 다가온 고래들은 춤을 추듯이 물속에서 헤엄을 쳤지."

바다에 그처럼 멋진 동물이 살고 있다니! 그리고 친구가 될 수 있다니!

부모도 친구도 없이 지내는 듯한 이 아이는 두 눈을 반짝이며 더는 못 참겠다는 듯이 묻는다. 고래들이 어떻게 할머니를 알아보고 찾아왔느냐고.

"오, 그래 얘기해주마. 고래들이 좋아하는 것을 네가 가져다주면 고래들이 너를 찾아낼 수 있단다. 성한 조개껍데기나 예쁜 돌멩이 같은 것을 말이야. 그래서 고래들이 널 좋아하게 되면, 네가 주는 선물을 받을 거고, 고래들도 너에게 멋진 선물을 줄 거야."

아이가 다시 묻는다.

"할머니, 고래들은 할머니한테 무엇을 주었죠? 할머니는 고래들한테서 무슨 선물을 받았어요?"

할머니는 탄식하듯 오래 품어온 신비를 속삭여준다. 노래 선물을 받았다고. 고래들이 노래를 불러주었다고.

함께 사는 할머니의 남동생 할아버지가 아이에게 엉뚱한 망상을 심어준다고 퉁을 주지만, 할머니는 아랑곳없이 바다에 사는 멋진 친구 이야기를 계속한다. 그 고래들은 아득한 옛날 옛적, 동굴 속에 살던 원시인들이 나타나기도 전, 수백만 년 전부터 살고 있었다고.

그날 밤, 아이는 고래 꿈을 꾼다. 작은 산들보다 크고, 하늘보다 더

푸른 고래들을 본다. 고래들의 노래도 듣는다. 바람 소리 같은 노래를 부르며, 바다 위로 솟구쳐 오르며, 자기 이름 '릴리'를 외쳐 부르는 고래들을 만난다.

다음 날 아이가 할 일은 한 가지밖에 없다. 뭔가 멋진 것을 찾아 고래에게 선물하는 일이다. 아이는 애써 구한 노란 꽃 한 송이를 바다에 내어주며 고래들을 향해 속삭인다. "자, 이 꽃은 너희들 선물이야." 그러고는 아침부터 저녁까지 하염없이 기다린다. 기다리고, 기다리고, 기다린다.

아이는 고래들에게 대답을 받았을까? 보름달이 뜬 밤바다에서 춤추는 고래들과 파도 위에 떠 있는 노란 꽃 한 송이, 그것을 바라보고 있는 잠옷 차림의 아이……. 1990년, 이 그림책으로 예술성 뛰어난 그림에 수여하는 케이트 그린어웨이 상을 받은 개리 블라이드의 사진 그림은 확신에 찬 긍정을 보여준다. 그리하여 신비를 간직한 할머니의 삶은 이제 막 신비를 품어 안은 아이의 삶으로 이어진다.

【이상희】

'어마어마하게 멋진' 두 사람의 삽질

『샘과 데이브가 땅을 팠어요』| 맥 바넷 글 | 존 클라센 그림 | 서남희 옮김 | 시공주니어

내가 좋아하는 존 클라센이다! 그의 일련의 모자 시리즈,『내 모자 어디 갔을까?(존 클라센 글·그림, 서남희 역, 시공주니어)』와『이건 내 모자가 아니야(존 클라센 글·그림, 서남희 역, 시공주니어)』를 보고 나는 정말 뒤집어지는 줄 알았다. 이런 능청과 심술과 시치미와 엽기 등등, 온갖 유머 코드를 이렇게 산뜻하게 뿌려놓다니.

그 클라센의 작품이다. 바로 본론으로 치고 들어가는 것이 특유의 화법인데, 글 작가가 따로 있어도 마찬가지다. "월요일에 샘과 데이브는 땅을 팠어요"가 다짜고짜 나오는 것이다. "어마어마하게 멋진 것을 찾아낼 때까지 파야 해. 그게 우리의 사명이야"가 데이브의 선언이다. 그래서 둘은 땅을 판다. 깊이, 점점 더 깊이. 강아지 한 마리가 그들과 동행한다.

두 사람은 대부분의 장면에서 똑바로 선 채 똑바로 삽을 들고 있다. 마치 레고 같다. 수평과 수직, 사선으로 반듯한 구덩이는 화면을 안정적으로 분할해 나간다. 이런 배경과 캐릭터의 모습 그리고 추상적이면서도 단도직입적인 서술 방식은 이 책을 동화적이고 유희적으로 만든다. 그러니 곰이 토끼를 집어삼켜도 하나도 잔인하지 않고, 삽 하나 달랑 든 사람들이 지구 중심까지 진격할 듯 땅을 파 들어가도 터무니없어 보이지 않는다. 땅속에 있던 사람들이 느닷없이 하늘에서 뚝 떨어져도 그러려니, 하게 된다. 이 그림책은 이렇게 독자를 활짝 열어준다.

샘과 데이브가 파 들어가는 땅속에는 정말이지 어마어마하게 멋진 것, 그러니까 다이아몬드가 여기저기 묻혀 있다. 내려갈수록 더욱더 큼직해진다. 그런데 두 사람은 그걸 피해간다. 옆으로 파볼까? 이쪽저쪽으로 나누어 파볼까? 아무래도 밑으로 파는 게 낫겠어. 파던 데를 한 삽만 더 파면 될 듯한  데, 둘은 번번이 방향을 돌린다. 강아지만 이런 쯧쯧, 하는 얼굴로 두 사람과 보물을 번갈아 쳐다본다.

결론은 어떻겠는가. '결국 다이아몬드를 찾는다'는 전혀 동화적이지 않다. 답은, 지쳐 잠에 떨어졌다가 실제로 하늘에서 떨어진 두 사

람이 서로를 바라보며 "정말 어마어마하게 멋졌어!"를 외치는 것이다. 그리고 초콜릿 우유와 과자를 먹으러 집으로 들어가는 것이다. 그 엄청난 삽질의 소득은 달랑 뼈다귀 하나. 뼈다귀를 입에 문 강아지의 얼굴이 흡족해 보인다.

샘과 데이브의 삽질은 우리 삶을 대변하는 듯하다. 필사적으로 살고 또 살지만, 멋진 것은 언제나 우리를 비켜가고, 우리는 녹초가 되어 나가떨어진다. 하지만 이 책은 그런 허망한 삶이 "정말 어마어마하게 멋졌다!"라고 외친다. 초콜릿 우유와 과자로, 뼈다귀 하나로 마음을 그득 채워준다. 고맙지 않은가. 【김서정】

나 뱃속에 수박 가졌어

『수박씨를 삼켰어』 | 그렉 피졸리 글·그림 | 김경연 옮김 | 토토북

꽤 길었던 가뭄 탓에 농부들은 속이 탔지만, 복숭아며 자두며 참외는 애써 고르지 않아도 좋을 만큼 흔히 달다. 무엇보다도 당도가 시원찮으면 크기만큼이나 실망도 크기 마련인 수박이 달아서 큰 위로가 된다. 선풍기 두 대로 버티며 일한 이들을 떠올리며 둘러보던 한밤중 사무실, 냉장고에서 수박 조각을 발견해 한 입 잘라 먹어본다. 그래도 이걸 먹는 동안은 잠시나마 더위를 잊겠지 하며 마음 뿌듯해한다. 그리고 한 입 더 잘라 먹으며 그 달고 시원한 맛을 본격적으로 누린다. 그러면서 이 새내기 사회적기업 대표는 언제 휴가비 지출 궁리에 전전긍긍했던가 싶게 호방해져서 창밖 화단을 향해 수박씨를 뱉어보는 것이다. 푸, 푸!

수박을 무척 좋아하는 꼬마가 있다.

"아주아주 쪼끄만 / 아기였을 때부터 / 난 수박이 좋았어. // 아침에도 한 조각, / 점심에도 한 조각, / 저녁에는 이따만큼 커다랗게 한 조각! / 정말정말 좋아해!"

그렇게 자기가 좋아하는 수박을 시시때때 즐기던 꼬마는 어느 날 수박씨 뱉는 것을 잊고 꿀꺽 삼켜버린다. 그러고는 깜짝 놀라서 생각한다.

'이제 수박이 자랄 거야!'

'곧 귀에서 스르륵스르륵 수박 넝쿨이 나오겠지?'

그렇게 수박이 자라고 자라면 배가 수박만큼 뚱뚱해질 거라고, 몸도 수박 속처럼 불그스름해질 거라고, 결국은 싹둑싹둑 잘려서 과일 속에 들어가게 될지도 모른다고, 겁먹는다. 급기야 "제발 누구 날 좀 도와주세요!"라며 울먹이는데, 배가 꾸르륵거린다. 꼬마는 이제야말

로 자기 몸속에서 수박씨가 맹렬히 자란다고 여긴다. 그러자마자 트림이 터져 나오고, 까만 수박씨 하나가 입에서 튀어나온다. 기뻐하며, 큰일날 뻔했다고 안도하며, 꼬마는 이제 다시는 수박 따위 먹지 않겠다고 마음먹는다. 그러나 과연 그토록 좋아하는 수박을 먹지 않게 될까? 먹는다면, 또다시 수박씨를 삼키지 않게 될까? 또다시 삼킨다면 이번에도 두려운 상상에 빠져 울먹이게 될까? 만약 누가 가르쳐주지 않는다면, 이러한 과정을 얼마나 되풀이해서야 과학적 진실을 알게 될까?

달고 시원한 그림책 『수박씨를 삼켰어!』의 '한 컷'은 과학 지식 정보를 학습하기 이전의 원시 순수 상태 불안과 공포를 겪고도 조마조마한 마음인 채 '다시 수박 맛에 탐닉하는 꼬마의 모습'을 담고 있다. 수박 속 색 바탕에 흰 글자 "아니, 한 입만 먹어볼까?/ 아주 조금

만?"만으로 왼쪽 페이지를 채우고, 반달 모양의 잇자국 난 수박 조각을 든 꼬마와 의성어 "아삭아삭! 아삭아삭! 아삭아삭!"으로 오른쪽 페이지를 구성한 이 장면은 스탬프를 찍은 듯이 단순한 판화 그림이다. 하지만 바로 그 덕분에 어른 독자는 '어릴 적 수박씨 삼켰던 추억' 이상의 다채로운 메타포를 즐기게 된다. 먹는다는 것과 그것이 몸속에서 빚어내는 결과에 대하여, 씨를 삼킨 일을 두려워하는 무지와 씨를 삼켜도 배설될 뿐이고 별문제가 없는 줄 아는 분별에 대하여, 스스로 금지한 것을 어길 수밖에 없는 탐닉에 대하여…….

그렉 피졸리는 이 첫 번째 그림책으로 '2014년 닥터 수스 상'을 받았다. 닥터 수스는 『모자 쓴 고양이(The cat in the hat)』를 비롯해 수많은 그림책과 동화책을 쓰고 그린 미국 작가로, 묘하게 엉뚱한 말놀이와 그림으로 이름나 있다. 미국 어린이도서관협의회에서 스스로 글을 읽기 시작하는 어린이를 위한 최고의 책에 주는 이 상의 수상자는 닥터 수스처럼 뛰어난 상상력과 우수한 예술성을 인정받는 셈이다. 【이상희】

어른들아 애들 싸움에서 배워라

『싸움에 관한 위대한 책』 | 다비드 칼리 글 | 세르주 블로크 그림 | 정혜경 옮김 | 문학동네어린이

감기에 걸렸다. 강의 중에 터져 나온 기침이 눈물까지 터뜨리며 멎을 기미를 안 보인다. 학생들이, 보던 중 제일 불쌍한 꼴이라며 측은지심 가득한 눈길을 내게 던진다. 수렁 같던 한 해가 이렇게 엉망으로 마무리되는 건가.

그러던 차에 『싸움에 관한 위대한 책』을 보고 단숨에 유쾌해졌다. 올해 유독 이런저런 싸울 일이 많았는데, '나 싸움꾼이야?' 하던 자괴감이 '음, 잘 싸우면서 씩씩하게 버텼군' 하는 자기위안으로 바뀌었다. 푸하하 웃음과 함께. 10분 사이에 이렇게 사람을 달래주고 기분을 전환시켜주는 매체가 그림책 외에 또 무엇이 있겠는가.

표지에 나온 꼬마는 3차 세계대전을 혼자 치른 모양이다. 귀 끝이 뜯겨 나가고, 눈썹 한쪽은 아예 없어지고, 코는 시뻘겋게 부풀어 오

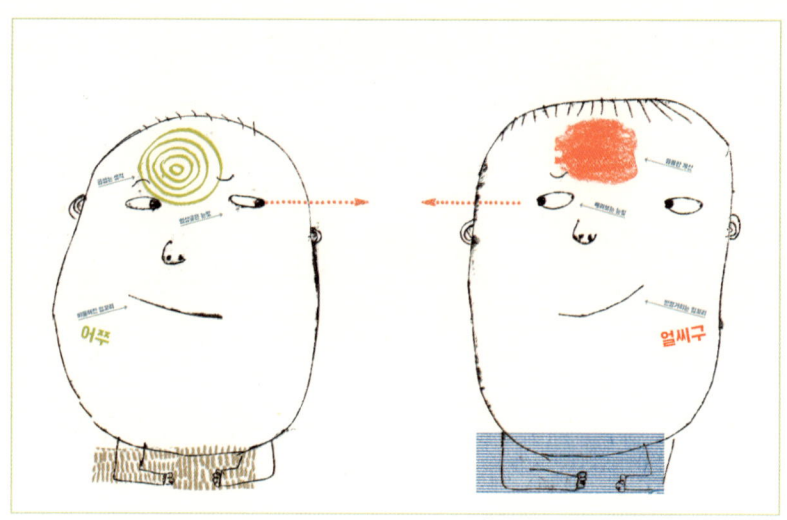

르고, 뺨 한쪽은 긁힌 자국, 다른 쪽은 멍투성이다. 웃옷도 바지도 온통 쥐어뜯겼는데, 한 팔에는 깁스까지 했다. 그런데도 이 꼬마, 듬성듬성 빠진 이를 환히 드러내며 활짝 웃고 있다.

싸움은 하면 안 된다고 가르치는 건데, 위대하다니! 조그만 아이가 이렇게 만신창이가 됐으면 죽겠다고 아우성쳐야 하는데 이 천진하고 환한 웃음이라니! 나는 이런 아이러니가 좋다.

책의 원제인 『Le Grand Livre』는 위대한 책이 아니라 커다란 책이라는 뜻으로 쓰였을 수도 있지만(실제로 이 책은 아주 크다), 위대한 건 싸움이 아니라 책이라는 말이겠지만, 그래도 나는 위대한 싸움으로 읽고 싶다.

"쉬는 시간이다. 그리고 쉬는 시간은 언제나…… 싸움판이다"로 시작되는 이 책은 기원전 100만 년 전 인류 최초의 결투에서부터 여

러 가지 싸움의 유형, 싸움의 장점, 싸움의 이유, 싸움의 기술, 싸움의 시작과 끝의 양상 등을 거론한다. 초등학교 쉬는 시간의 싸움판에서부터 세계대전까지, 매머드를 차지하려는 원시인의 다툼부터 4색 펜을 두고 벌이는 꼬마들의 승강이까지 한 차원에 나란히 놓인다. 그러면서 싸움이란 무엇인가, 무엇이어야 하는가가 전광석화로 정리된다. 애들 싸움하고 어른 싸움이 같을 수 있느냐고 코웃음 치지 마라, 어른들아 애들 싸움에서 배워라, 하고 이 책은 말하는 것 같다. 우당탕탕 아이들 싸움판의 그 신나는 얼굴들을 보라!

몇 안 되는 짧은 문장들이지만, 천연덕스러운 유머를 제대로 전달하는 번역도 훌륭하다. 그중 "선생님 온다!"가 가장 마음에 든다(부디 어른에게 존대 안 하는 버릇없는 말을 책에 실었다고 시비 거는 어른이 없기를 바란다). 사물들은 날로 높아가고('커피 나오셨습니다, 뜨거우십니다')

사람의 존엄성은 날로 떨어지는 이 시대에 거는 좋은 싸움인 것 같아서다. 내년 한 해, 잘 싸우자!【김서정】

소박한 풍경에 마음이 따뜻해지네

『학교 가는 날』 | 송언 글 | 김동수 그림 | 보림

산천도 의구하지 않고 인걸도 간데없는 세상이지만 3월이 오면 병아리 같은 아이들이 조르르 학교로 몰려가는 것만은 여전하다. 며칠만 지나면 여덟 살 꼬맹이들이 초등학교 입학식을 치른다. 아이들은 새로운 세상 앞에 서 있다.

토막토막 자투리 기억이기는 해도 어릴 적 '국민학교' 입학식이 생각난다. 꽁꽁 언 발을 동동 구르며 학교 운동장에 서 있었다. 느닷없던 구령 소리도 기억난다.

"앞으로 나란히!"

어쩌라는 건지 몰라서 어리둥절한 채 가만히 있었다. 장밋빛 코트를 입고 가슴에 흰 가제 수건을 달았던 것도 생각난다. 엄마가 손수건을 달아줄 때 옷핀에 찔릴 것 같아서 조마조마했던 것도.

그때만 해도 유치원 가는 아이가 많지 않았다. 미리 배우면 학교 공부에 흥미를 잃는다고 일부러 한글을 가르치지 않는 집도 많았다. 아이들은 그냥 두면 알아서 잘 큰다고 믿었고, 학교가 많은 것을 해결해줄 거라고도 믿었던 시절이다. 어린이집에 유치원에 학원까지 두루 다니는 요즘 아이들이야 초등학교 입학쯤 대수롭지 않게 여길 성싶지만 그게 그렇지도 않다. 아이가 학교생활에 잘 적응할지, 친구들과 잘 지낼지, 공부는 뒤처지지 않을지 부모들은 걱정이 태산이고 부모들의 기대가 큰 만큼 아이들의 스트레스도 적지 않다.

『학교 가는 날』은 세대가 다른 두 아이의 초등학교 입학기를 그림일기 형식에 담은 흥미로운 그림책이다. 취학통지서를 받고 예비소집일과 입학식을 거쳐 학교생활을 시작하기까지 서너 달 사이 두 아이의 일상과 감정, 가족과 학교 풍경을 꼼꼼하게 그렸다. 두 권의 일

 기를 한눈에 볼 수 있도록 묶었달까, 책장을 펼칠 때마다 왼쪽에는 1960년대 아이 구동준, 오른쪽에는 2010년대 아이 김지윤의 이야기가 실려 있다. 글, 그림 모두 진짜로 아이가 쓰고 그린 듯 소박하고 사랑스럽다. 아이들의 설렘과 두려움, 기대와 실망이 손에 잡힐 듯 실감난다.

 20세기 소년과 21세기 소녀. 국민학교는 초등학교가 되었고, 입학식 날 운동장에 서서 떨던 아이들은 이제 6학년 선배들의 안내를 받으며 강당 의자에 앉는다. 머리 깎고 때 밀고 책가방 하나 사면 입학 준비가 끝나던 시대와, 예방접종과 건강검진과 공부방 꾸미기, 유치원과 부모가 총동원된 온갖 예행연습과 준비 교육이 필요한 시대, 선생님을 무서워하는 시대와 예쁜 선생님이 아니어서 실망하는 시대가 우리 눈앞에 나란히 펼쳐진다. 40여 년의 세월, 무엇이 변했고 무엇이 여전한가. 찬찬히 들여다볼수록 왠지 애틋하다.

독립적으로 펼쳐지던 두 아이의 이야기는 책 말미에서 구동준이 김지윤의 담임 선생님이라는 사실이 암시되며 하나로 연결된다. 깜짝 반전의 재미뿐 아니라 다른 이의 삶이 내 삶과 어떻게 이어지는지를 깨닫게 해주는 인상적인 장치다. 우리 삶은 서로 이어져 있고 서로 영향을 주고받는다. 바로 그 사실이, 그에 대한 깨달음이 아이들의 눈과 마음을 열어줄 것이다. 3월이다. 【최정선】

· 한 걸음 더 ·
조금 더 나은 그림책을 꿈꾸며

그림책은 풍요롭다. 우선 글이 있고 덧붙여 그림이 있다. 그림책의 글은 마치 심심한 아빠처럼 건조하다. 글이 지닌 묘사의 묘미는 모두 엄마인 그림이 채가버렸기 때문이다. 반면 그림은 때론 다감하고 때론 변덕스러운 엄마처럼 하나로 규정할 수 없는 매력을 담고 있다. 더욱이 이들 둘이 함께 하나로 결합된 그림책의 모습은 어쩔 수 없이 그 둘만으로 설명되지 않는 무언가를 남겨두고 있다. 마치 엄마와 아빠만으로 아이를 모두 설명할 수가 없는 것처럼. 둘 사이에 태어난 아이는 부모의 유전자만이 아닌 그 아이만의 고유한 특성을 지니게 된다. 엄마나 아빠만으로는 설명할 수도, 이해할 수도 없는 구석이 얼마나 많은지.

이쯤 되면 그림책의 이론은 복잡해지기 시작한다. 여기에 그림책이 아이들의 책이라는 점, 그리고 정보 그림책을 제외한 모든 그림책이 이야기 그림책이라는 점도 사태를 한층 더 복잡하게 만든다. 아이들은 참으로 무어라 규정하기 힘든 개별성을 지니고 있다. 책을 손에 쥐는 대로 입으로 가져가는 걸음마 단계의 아이들이 있는가 하면, 글자는 읽지도 못하면서 이야기를 줄줄 읊어대는 아이들도 있다. 그 모든 아이들이 그림책의 독자이며, 하여 그만큼 그림책의 폭과 깊이는 넓고 또 깊다. 이야기의 세계는 또 어떠한가? 이야기는 어쩌면 사람들이 스스로 사람이라고 생각하기 이전부터 생겨났음이 분명하다. 역사가 오랠 뿐만 아니라 우리 모두는 시시각각 이야기를 지니고 있으며 또 만들어가고 있다. 이야기의 본질은 퍼내도, 퍼내도 마르지 않는 샘과 같다. 어찌 이렇다 저렇다 몇 마디 말로 규정할 수 있을까?

그럼에도 이론은 늘 복잡 미묘한 현실의 사태를 파악하고자 한다. 모두를 이해할 수는 없을지라도 지금 여기 우리네 인식으로 포획할 수 있는 만큼이라도 담고자 한다. 때로는 인상적인 감상, 때로는 그 어떤 개별적인 그림책도 피해갈 수 없는 보편적인 울타리를 둘러치고자 한다. 우리는 그 관점의 도움으로, 이론의 도움으로 그림책을 조금 더 잘 들여다보고, 그 들여다봄을 통해 더 나은 그림책을 꿈꾸기도 하는 법이다.

가장 먼저, 가장 손쉽게 우리를 안내하는 책은 단연 그림책 편집자 출신인 마쓰이 다다시의 책들『어린이와 그림책(마쓰이 다다시 저, 이상금 편역, 샘터)』,『어린이 그림책의 세계(마쓰이 다다시 저, 이상금 편역, 한림출판사)』두 권이다. 편집자의 경험

을 풍부하게 살려 그림책이 우리네 아이들의 삶에 어떤 정서적 울림을 건네는지를 뛰어난 그림책들을 통해 명확하게 알려주고 있다. 그림책의 안내서로 이만한 적확함과 따스함을 함께 품고 있는 책은 없다. 다만 두 책의 저자나 관점이 의당 다르지 않기에 한 권을 곁에 두는 것으로 충분하다.

비슷한 맥락의 입문서로는 『그림책(최윤정 저, 비룡소)』이 있다. 이 책은 부모에게뿐 아니라 그림책을 궁금해 하는 모든 이에게 건네는 책이며, 그림책에 관해 우리들이 쓴 최초의 책들 가운데 한 권이다. 서양의 그림책과 우리 그림책 몇 권을 집중 적으로 소개하는 단정한 책이다. 때로는 깊이 있는 분석이 돋보이기도 하며, 때로는 주제에 대한 탐구가 눈에 띄기도 한다. 그러나 전반적으로 주제에 집중한 나머지 그림에 관한 말이 누락되어 있다. 그림책은 일반적인 문학 작품과는 다른 눈이 더해져야 한다.

그림책에 관한 비평적인 읽기는 『나의 즐거운 그림책 읽기(염혜숙 저, 창비)』가 있다. 비로소 우리네 그림책 비평의 첫 자리를 열기에 이른 책이다. 이전 혹은 비슷한 시기에 유아교육 혹은 아동학의 눈으로 살핀 『그림책의 그림 읽기(현은자 등저, 마루벌)』와 『그림책의 이해 1·2(현은자,김세

희 공저, 사계절)』가 있지만 대체로 외국의 개론서들을 통합적으로 번역한 데에 우리 작품들을 덧붙여 소개하고 있는 방식으로 짜였다. 반면 엄혜숙의 책은 구체적인 그림책들이 펼쳐내고자 한 새로움들을 판독해내고, 그것을 비평적인 시야로 담아내고자 했다. 다만 이론적인 검토가 책의 곳곳에 균일하게 스며들어 있지 못한 것이 아쉽다.

결국 그림책에 관한 그림책론들의 쟁점은 얼마나 글과 그림을 통합적으로 읽어내는가에 달려 있다. 최근에 번역된 세 권의 그림책론은 각기 다른 입각점에서 참조할 만하다.『그림책을 보는 눈(마리아 니콜라예바, 캐롤 스콧 공저, 서정숙 등역, 마루벌)』과『현대 그림책 읽기(데이비드 루이스 저, 이혜란 역, 작은씨앗)』,『그림책론(페리 노들먼 저, 김상욱 역, 보림)』등이 주목할 만한 이론서이다. 니콜라예바는 복잡한 논의를 간단명료하게 도식화해서 설명하는 데에 능하다. 이론적인 깊이와 함께 교육적인 명료함이 글의 어디에서나 돋보인다. 그러나 들고 있는 예시로서의 그림책들이 자신의 태생인 북유럽에 치우쳐 있으며, 견지하고 있는 포스트모더니즘적 시야가 다소 그림책의 특성보다 보편성을 더 눈여겨보고 있다는 점이 아쉽다. 반면 루이스의 책은 익숙한 작품들을 바

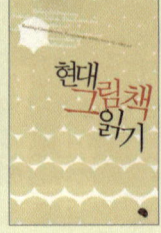
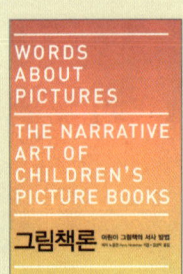

탕으로 논의를 이어가고 있어서 친숙하다. 다만 기호학의 방법론을 차용하고 있기에 초심자들이 읽기는 쉽지 않다. 특히나 크레스와 류우벤의 방법론인 이미지의 기호적 읽기를 원용하고 있는 부분은 독보적인 대목이나 난해하다.

이들 책보다 훨씬 앞서 쓰인 것이지만 아무래도 그림책에 관한 이론서의 정점은 (순전히 개인적인 평가이긴 하지만) 페리 노델먼의 몫인 듯싶다. 그의 그림책론은 그림책의 주요한 이론적 지점들을 깊은 성찰을 바탕으로 밀어가고 있다. 그림책을 둘러싼 거의 모든 쟁점들이 변증법적인 사유의 틀 속에서 해명되며, 그림은 그림에 맞게, 글과 그림의 관계는 그에 상응하는 형태로 논의가 개진되고 있다. 다만 논의의 편의상 구획된 그림의 요소들이 어떻게 한 편의 그림책에서 통합되어 펼쳐지는지는 보여주지 못한다. 이와 관련, 본격적인 우리네 그림책 연구를 시도하는 춘천교대 아동문학교육 전공 대학원생들이 함께 편집한 『그림책이 내게로 왔다(김상욱 등저, 상상의 힘)』는 부족하지만 이론적 적용의 가능성들을 엿볼 수 있게 해준다는 점에서 도움이 된다.

그림책을 초등학교 교실에 접목시켜 구체적인 교육 현장에서의 요구와 실천을 충족시키고자 한 책들도 있다. 『그림책을 읽자, 아이들을 읽자(최은희 저, 우리교육)』, 『학교로 간 그림책(최은희 저, 상상의힘)』, 『선생님, 우리 그림책 읽어요(강

승숙 글, 노익상 사진, 보리)』 등이 주목할 만한 책이다. 이들 경험은 많이 축적될수록 좋을 것이다. 다만 우리 그림책을 더 많이 우리 선생님들이 우리 아이들에게 읽어줬으면 하는 바람만은 지울 수가 없다.

이 밖에도 그림책에 관한 논의들은 마구 쏟아져 나오는 중이다. 『쿠슐라와 그림책 이야기(도로시 버틀러 저, 김중철 역, 보림)』는 장애를 가진 한 아이의 정서적·지적 성장을 어떻게 그림책이 도울 수 있었는지를 보여주는 감동적인 책이다. 최근 출간된 『그림책 상상 그림책 여행(천상현, 김수정 공저, 안그라픽스)』 또한 발로 뛰며 써낸 책으로 각국의 그림책을 소개한 안내서이다. 이 밖에도 여러 책이 그림책을 소개하고 있지만, 여전히 외국 그림책과 작가에 대한 개괄적인 소개에 그칠 뿐 깊이 있는 탐구에는 충분히 미치지 못한다.

그림책의 역사는 서양의 경우 랜돌프 칼데콧이 집중적으로 작업을 한 시기가 1878년부터 1888년에 걸쳐 있기에 지금으로부터 따지자면 140년 정도 지난 셈이다. 가장 늦게 출현한 예술인 영화의 역사와 비슷하다. 따라서 이론적인 탐구 자체가 여전히 부족한 형편이다. 영화에 매달리는 인력에 비할 때 그림책에 매달리는 인력은 턱없이 부족하며, 그 이론적 발전 또한 더딜 수밖에 없다. 그럼에도 140년의 역사는 쉽게 얻어진 숫자 놀음이 결코 아니다. 걸출한 작가들을 수없이 배출해냈으며, 비록 서로 다르기는 할지라도 매우 탁월한 그림책 100권, 1,000권을 이론가들은 손꼽을 수 있다.

반면 우리 그림책의 역사는 일천하다. 근원을 따지면 더 오래전을 뒤적여볼 수도 있겠지만 적어도 대중적인 출판의 형식으로 그림책이 우리에게 다가온 것은 『백두산 이야기(류재수 저, 보림 펴냄)』가 1989년 출간되었으니, 그 전후로 따져보아도 고작해야 30년 안팎이다. 그림책에 관한 이론들이 여전히 소개의 차원에 머물러 있는 것도 당연하다. 그럼에도 아쉬운 점은 4배 혹은 5배나 긴 세월 동안 이루어져온 서양의 성과와 우리네 결실을 나란히 비교하는 시각이 적지 않다는 것이다. 열 살 아이와 마흔 혹은 쉰 살의 중년을 나란히 평면적으로 견주어, 어른스럽지 못하다고 평가해서는 안 될 것이다.

아무리 아름답고 멋진 외국 그림책이 많이 있더라도 우리는 볼품없고 부족한 것 많은 우리 그림책으로부터 논의를 시작하지 않으면 안 된다. 우리 그림책을 바탕에 둔 그림책에 관한 이론서야말로 지금 우리가 읽고 싶은 그림책을 말하는 책이며 그런 책이어야 한다. 이론 또한 작품만큼이나 연륜이 짧아서 어쩔 수 없이 어설프다는 욕을 얻어먹을지라도 그 길이 우리가 함께 가야 할 길이다. 【김상욱】

· 인용된 작품 목록 ·

『5대 가족』, 고은 시, 이억배 그림, 바우솔

ㄱ

『가시산』, 박선미 글·그림, 썸북스

『갈라파고스』, 제이슨 친 글·그림(윤소영 옮김), 스콜라

『강아지똥』, 권정생 글, 정승각 그림, 길벗어린이

『고래가 보고 싶거든』, 줄리 폴리아노 글, 에린 E. 스테드 그림(김경연 옮김), 문학동네

『고래들의 노래』, 다이안 셸든 글, 개리 블라이드 그림(고진하 옮김), 비룡소

『고슴도치 엑스』, 노인경 글·그림, 문학동네

『고양이 피터 3 : 멋진 내 단추 네 개』, 에릭 리트윈 글, 제임스 딘 그림(이진경 옮김), 상상의힘

『고양이』, 현덕 글, 이형진 그림, 길벗어린이

『고양이는 나만 따라 해』, 권윤덕 글·그림, 창비

『구름빵』, 백희나 글·그림, 한솔수북

『그 길에 세발이가 있었지』, 야마모토 켄조, 이세 히데코 그림(길지연 옮김), 봄봄

『그래, 책이야!』, 레인 스미스 글·그림(김경연 옮김), 문학동네

『금붕어 2마리와 아빠를 바꾼 날』, 닐 게이먼 글, 데이브 맥킨 그림(윤진 옮김), 소금창고

『까만 밤에 무슨 일이 일어났을까?』, 브루노 무나리 글·그림(이상희 옮김), 비룡소

『까만 코다』, 이루리 글, 엠마누엘레 베르토시 그림, 북극곰

『꽃 할머니』, 권윤덕 글·그림, 사계절

『꽃이 핀다』, 백지혜 글·그림, 보림

『꿈꾸는 소녀 테주』, 테주 베한 글·그림(이상희 옮김), 비룡소

『꿈에서 맛본 똥파리』, 백희나 글·그림, 책읽는곰

ㄴ

『나무늘보가 사는 숲에서』, 아누크 부아로베르, 루이 리고 글·그림(이정주 옮김), 보림

『나무들의 밤』, 바주 샴, 두르가 바이, 람 싱 우르베티 글·그림(이상희 옮김), 보림

『나비 부인』, 벤자민 라콩브 글·그림(김영미 옮김), 보림

『나야? 고양이야?』, 기타무라 사토시 글·그림(조소정 옮김), 베틀북

『낙원섬에서 생긴 일』, 찰스 키핑 글·그림(서애경 옮김), 사계절

『날아라, 꼬마 지빠귀야』, 볼프 에를브루흐 글·그림(김경연 옮김), 웅진주니어

『내 꿈은 기적』, 수지 모건스턴 글, 첸 지앙 홍 그림(최윤정 옮김), 바람의아이들

『내 이름은 자가주』, 퀜틴 블레이크 글·그림(김경미 옮김), 마루벌

『내가 가장 슬플 때』, 마이클 로젠 글, 퀜틴 블레이크 그림(김기택 옮김), 비룡소

『내가 영웅이라고?』, 존 블레이크 글, 악셀 셰플러 그림(서애경 옮김), 사계절

『내가 함께 있을게』, 볼프 에를브루흐 글·그림(김경연 옮김), 웅진주니어

『노란 우산』, 류재수 글·그림, 보림

『눈물바다』, 서현 글·그림, 사계절

『눈사람 아저씨』, 레이먼드 브릭스 글·그림, 마루벌

ㄷ

『달구지를 끌고』, 도날드 홀 글, 바바라 쿠니 그림(주영아 옮김), 비룡소

『달려 토토』, 조은영 글·그림, 보림

『달콤한 목욕』, 김신화, 김영애, 김현군, 박경덕, 박순열, 양준혁 글·그림, 바람의아이들

『당산 할매와 나』, 윤구병 글, 이담 그림, 휴먼어린이

『도대체 누구야!』, 마사이 부족 옛이야기를 버나 아데마가 다시 씀, 리오 딜런, 다이앤 딜런 그림(김서정 옮김), 보림

『돼지 이야기』, 유리 글·그림, 이야기꽃

『둥근 해가 떴습니다』, 장경혜 글·그림, 문학동네

『뒤집힌 호랑이』, 김용철 글·그림, 보리

ㄹ

『레스토랑 Sal』, 소윤경 글·그림, 문학동네어린이

『로켓 펭귄과 끝내주는 친구들』, 예쎄 구쎈스 글, 마리예 톨만 그림(김서정 옮김), 그림책공작소

ㅁ

『맘씨 좋은 고양이 호루스』, 난부 가즈야 글, 다시마 세이조 그림(신현득 옮김), 효리원

『매호의 옷감』, 김해원 글, 김진이 그림, 창비

『메추라기 산이』, 카츠야 카오리 글·그림(길지연 옮김), 봄봄

『모르는 마을』, 다시마 세이조 글·그림(엄혜숙 옮김), 우리교육

『물고기와 바람과 피아노』, 신동준 글·그림, 초방책방

『미스터리 모텔』, 데이비드 매콜리 글·그림(조동섭 옮김), 마루벌

ㅂ

『바다 이야기』, 아누크 부아로베르, 루이 리고 글·그림(이정주 옮김), 보림

『백두산 이야기』, 류재수 글·그림, 보림

『백만 년 동안 절대 말 안 해』, 허은미 글, 김진화 그림, 웅진주니어

『빈집』, 이상교 글, 한병호 그림, 시공주니어

『빕스의 엉뚱한 소원』, H.M. 엔첸스베르거 글, R.S. 베르너 그림(한미희 옮김), 비룡소

『삐딱이를 찾아라』, 김태호 글, 정현진 그림, 비룡소

『삐비 이야기』, 송진헌 글·그림, 창비

ㅅ

『사계절』, 존 버닝햄 글·그림(박철주 옮김), 시공주니어

『사뿐사뿐 따삐르』, 김한민 글·그림, 비룡소

『새가 되고 싶어』, 한병호 글·그림, 시공주니어

『샘과 데이브가 땅을 팠어요』, 맥 바넷 글, 존 클라센 그림(서남희 옮김), 시공주니어

『섬』, 아민 그레더 글·그림(김경연 옮김), 보림

『세상에서 가장 힘센 수탉』, 이호백 글, 이억배 그림, 재미마주

『소년 정찰병』, 월터 딘 마이어스 글, 앤 그리팔코니 그림(이선오 옮김), 북비

『수박씨를 삼켰어』, 그렉 피졸리 글·그림(김경연 옮김), 토토북

『숲 속 그늘 자리』, 이태수 글·그림, 고인돌

『숲 속 재봉사와 털뭉치 괴물』, 최향랑 글·그림, 창비

『쉬이잇! 조용! 책 읽거든!』, 코엔 반 비젠 글·그림(김경연 옮김), 은나팔

『심부름 말』, 김수정 글, 백보현 그림, 상출판사

『싸움에 관한 위대한 책』, 다비드 칼리 글, 세르주 블로크 그림(정혜경 옮김), 문학동네어린이

『쌍둥이는 너무 좋아』, 염혜원 글·그림, 비룡소

『씩씩해요』, 전미화 글·그림, 사계절

ㅇ

『아름다운 나무』, 박레지나 글·그림, 초방책방

『안개 속의 서커스』, 브루노 무나리 글·그림(이상희 옮김), 비룡소

『안녕, 친구야』, 강풀 글·그림, 웅진주니어

『어느 개 이야기』, 가브리엘 뱅상 글·그림, 별천지

『어느 바닷가의 하루』, 김수연 글·그림, 보림

『어쩌다 여왕님』, 다비드 칼리 글, 마르코 소마 그림(루시드 폴 옮김), 책읽는곰

『어처구니 이야기』, 박연철 글·그림, 비룡소

『얼굴나라』, 이민희 글, 박미정 그림, 계수나무

『엄마 까투리』, 권정생 글·김세현 그림, 낮은산

『엄마가 섬 그늘에 굴 따러 가면』, 이상교 글, 김재홍 그림, 봄봄

『엘리베이터 여행』, 파울 마르 글, 니콜라우스 하이델바흐 그림(김경연 옮김), 풀빛

『여름 휴가』, 장영복 글, 이혜리 그림, 국민서관

『여우』, 마거릿 와일드 글, 론 브룩스 그림(강도은 옮김), 파랑새

『오소리네 집 꽃밭』, 권정생 글, 정승각 그림, 길벗어린이

『용돈 좀 올려주세요』, 아마노 유우끼찌 글·그림(김소연 옮김), 창비

『우리 가족입니다』, 이혜란 글·그림, 보림

『우리 땅 기차 여행』, 조지욱 글, 한태희 그림, 책읽는곰

『우리 할아버지』, 존 버닝햄 글·그림(박상희 옮김), 비룡소

『이 작은 책을 펼쳐봐』, 제시 클라우스마이어 글, 이수지 그림(이상희 옮김), 비룡소

ㅈ

『적』, 다비드 칼리 글, 세르주 블로크 그림(안수연 옮김), 문학동네어린이

ㅊ

『책나무』, 김성희 글·그림, 느림보

『천하무적 고무동력기』, 김동수, 박혜준 글·그림, 보림

ㅋ

『커다란 크리스마스트리가 있었는데』, 로버트 배리 글·그림(김영진 옮김), 길벗어린이
『코끼리 아저씨와 100개의 물방울』, 노인경 글·그림, 문학동네어린이

ㅍ

『파도야 놀자』, 이수지 글·그림, 비룡소
『파랑새가 산다』, 신혜은 글, 정순희 그림, 웅진주니어
『피터 팬』, 제임스 배리 원작, 로버트 사부다 제작(노은정 옮김), 비룡소

ㅎ

『하멜른의 피리 부는 사나이』, 로버트 브라우닝 글, 케이트 그린어웨이 그림(김기택 옮김), 비룡소
『학교 가는 날』, 송언 글, 김동수 그림, 보림
『한 나무가』, 이상희 글, 김선남 그림, 그림책도시
『행복한 우산 마을』, 김동현, 박지혜, 송혜숙, 전복남, 최행주, 하인섭 글·그림, 바람의아이들
『황소 아저씨』, 권정생 글, 정승각 그림, 길벗어린이

· 그밖의 더 읽을 그림책 목록 ·

권문희 그림·글, 『깜박깜박 도깨비』, 사계절, 2014.

권문희 그림·글, 『줄줄이 꿴 호랑이』, 사계절, 2005.

권윤덕 그림·글, 『고양이는 나만 따라 해』, 창비, 2005.

권윤덕 그림·글, 『꽃 할머니』, 사계절, 2010.

권윤덕 그림·글, 『생각만해도 깜짝벌레는 정말 잘 놀라』, 재미마주, 2001.

권윤덕 그림·글, 『시리동동 거미동동』, 창비, 2003.

권윤덕 그림·글, 『씹지않고 꿀꺽벌레는 정말 안 씹어』, 재미마주, 2004,

권윤덕 그림·글, 『혼자서도 신나벌레는 정말 신났어』, 재미마주, 2002.

김동성 그림, 이태준 글, 『엄마 마중』, 보림, 2013.

김동성 그림, 임길택 글, 『들꽃 아이』, 길벗어린이, 2008.

김동수 그림·글, 『엄마랑 뽀뽀』, 보림, 2008.

김병하 그림, 권정생 글, 『강아지와 염소 새끼』, 창비, 2014.

김세진 그림·글, 『달을 삼킨 코뿔소』, 키다리, 2015.

김세현 그림·권정생 글, 『엄마 까투리』, 낮은산, 2008.

김용철 그림·권정생 글, 『훨훨 간다』, 국민서관, 2003.

김용철 그림·글, 『우렁각시』, 길벗어린이, 2009.

김용철 그림, 윤옥화 글, 『뒤집힌 호랑이』, 보리, 2012.

김윤정 그림·글, 『똥자루 굴러간다』, 국민서관, 2010.

김재홍 그림, 윤동재 시, 『영이의 비닐우산』, 창비, 2005.

김환영 그림, 권정생 시, 『강냉이』, 사계절, 2015.

김환영 그림, 위기철 글, 『호랑이와 곶감』, 국민서관, 2004.

김환영 그림, 현덕 글, 『나비를 잡는 아버지』, 길벗어린이, 2001.

김효은 그림, 김진완 글, 『기찬 딸』, 시공주니어, 2011.

류재수 그림·글, 『백두산 이야기』, 보림, 2009.

박연철 그림·글, 『떼루떼루』, 시공주니어, 2013.

박연철 그림·글, 『망태할아버지가 온다』, 시공주니어, 2007.

박연철 그림·글, 『어처구니 이야기』, 비룡소, 2006.

박은영 그림·글, 『기차 ㄱㄴㄷ』, 비룡소, 2007.

박재철 그림·글, 『끝이 영감과 우르르 산토끼』, 길벗어린이, 2013.

박정섭 그림·글, 『놀자!』, 책읽는곰, 2012.

박종채 그림·글, 『내 빤스』, 키다리, 2012.

박종채 그림·글, 『두꺼비가 간다』, 상상의힘, 2016.

백희나 그림·글, 『구름빵』, 한솔수북, 2004.

백희나 그림·글, 『장수탕 선녀님』, 책읽는곰, 2012.

서 현 그림·글, 『눈물바다』, 사계절, 2009.

소윤경 그림·글, 『레스토랑 Sal』, 문학동네어린이, 2013.

손지희 그림·글, 『지옥탕』, 책읽는곰, 2011.

신세정 그림·글, 『방귀쟁이 며느리』, 사계절, 2008.

심미아 그림·글, 『고양순이』, 보림, 2001.

안녕달 그림·글, 『수박 수영장』, 창비, 2013.

오정택 그림, 허은미 글, 『진정한 일곱 살』, 양철북, 2011.

윤지 그림·글, 『대단한 방귀』, 고래뱃속, 2007.

윤정주 그림, 이춘희 글, 『아카시아 파마』, 사파리, 2011.

윤정주 그림, 최승호 글, 『누가 웃었니?』, 2003.

이갑규 그림·글, 『진짜 코 파는 이야기』, 책읽는곰, 2014.

이민희 그림·글, 『라이카는 말했다』, 느림보, 2007.

이민희 그림·글, 『옛날엔 돼지들이 아주 똑똑했어요』, 느림보, 2007.

이수지 그림·글, 『검은 새』, 비룡소, 2007.

이수지 그림·글, 『동물원』, 비룡소, 2004.

이승현 그림, 김장성 글, 『씨름』, 사계절, 2007.

이억배 그림·글, 『반쪽이』, 보림, 1997.

이억배 그림·글, 『비무장지대에 봄이 오면』, 사계절, 2010.

이억배 그림·글, 『이야기 주머니 이야기』, 보림, 2008.

이영경 그림, 서정오 글, 『주먹이』, 삼성출판사, 2012.

이영경 그림·글, 『콩숙이 팥숙이』, 비룡소, 2011.

이영경 그림, 윤석중 시, 『넉 점 반』, 창비, 2004.

이형진 그림·글, 『끝지』, 느림보, 2003.

이혜란 그림·글, 『뒷집 준범이』, 보림, 2011.

이혜란 그림·글, 『우리 가족입니다』, 보림, 2005.

이혜리 그림, 정병규 꾸밈, 『비가 오는 날에』, 보림, 2001.

임광희 그림·글, 『가을 운동회』, 사계절, 2010.

전미화 그림·글, 『미영이』, 문학과지성사, 2015.

정순희 그림·글, 『누구야?』, 창비, 2005.

정승각 그림, 권정생 글, 『강아지똥』, 길벗어린이, 1996.

정승각 그림, 권정생 글, 『오소리네 집 꽃밭』, 길벗어린이, 1997.

정승각 그림, 권정생 글, 『황소 아저씨』, 길벗어린이, 2001.

정승각 그림·글, 『까막나라에서 온 삽사리』, 초방책방, 1994.

정유정 그림·글, 『썰매를 타고』, 사계절, 2007.

정지혜 그림, 김장성 글, 『골목에서 소리가 난다』, 사계절, 2007.

정호선 그림·글, 『쪽!』, 창비, 2010.

조수경 그림·글, 『내 꼬리』, 한솔수북, 2008.

조은수 그림, 주동민 시, 『내 동생』, 창비, 2003.

조혜란 그림·글, 『할머니, 어디 가요? 앵두 따러 간다!』, 보리, 2008.

조혜란 그림, 김회경 글, 『똥벼락』, 사계절, 2001.

최덕규 그림·글, 『거북아, 뭐 하니?』, 푸른숲주니어, 2015.

하민석 그림, 정혜경 글, 『고추』, 한솔수북, 2014.

한성옥 그림, 김서정 글, 『나의 사직동』, 보림, 2003.

그림책 전문가 4인이 건네는
아이와 함께 행복한 그림책 읽기

1판 1쇄 펴냄 2016년 10월 31일
1판 2쇄 펴냄 2017년 7월 28일

글 김서정, 이상희, 김상욱, 최정선 공저
펴낸이 김두레 | 펴낸곳 상상의힘 | 편집 이현정 | 디자인 수:Book
인쇄 천일문화사 | 등록 제 2015-000021(2010년 10월 19일)
주소 150-866 서울시 영등포구 선유로 49길 23 IS비즈타워2차 1503호
전화 070-4129-4505 | 팩스 02-2051-1618
전자우편 iobob@hanmail.net

＊ 한국출판문화산업진흥원 2016년 우수출판콘텐츠 제작 지원 사업 선정작입니다.

ISBN 978-89-97381-51-7 03800

이 도서의 국립중앙도서관 출판시도서목록(CIP)은 서지정보유통지원시스템 홈페이지
(http://seoji.nl.go.kr)와 국가자료공동목록시스템(http://www.nl.go.kr/kolisnet)에서
이용하실 수 있습니다.(CIP제어번호: CIP 2016025056)

잘못된 책은 사신 곳에서 바꾸어 드립니다.

값 15,000원